U0917020

嵩山两仪门拳法

养生与武术

程治平 著

河南科学技术出版社
·郑州·

图书在版编目（CIP）数据

嵩山两仪门拳法：养生与武术 / 程治平著 .—郑州：河南科学技术出版社，2015.7
（2025.5重印）
ISBN 978-7-5349-7836-4

Ⅰ.①嵩… Ⅱ.①程… Ⅲ.①拳术-中国 Ⅳ.① G852.19

中国版本图书馆 CIP 数据核字 (2015) 第 136506 号

出版发行：河南科学技术出版社
地址：郑州市郑东新区祥盛街27号　　邮编：450016
电话：（0371）65788613　65788629
网址：www.hnstp.cn
责任编辑：邓　为
责任校对：柯　姣
封面设计：张德琛
版式设计：苏　真
责任印制：徐海东
印　　刷：河北晔盛亚印刷有限公司
经　　销：全国新华书店
幅面尺寸：170 mm×240 mm　**印张：**10.25　**插图：**16　**字数：**150 千字
版　　次：2015 年 7 月第 1 版　2025 年 5 月第 4 次印刷
定　　价：68.00 元

如发现印、装质量问题，影响阅读，请与出版社联系并调换。

嵩山两仪门拳法创始人　程治平

作者（中）与两仪拳宗师

陈子亮（左）师父及吕永祥（右）

作者与少林寺圣僧释素喜师父

作者与传人张保和武当道教功夫学院院长杜宏义

作者（右）与中州太极孝拳创始人陈德林大师

第二届"少林两仪门武学"发展研讨会

第三届"少林两仪门武学"发展研讨会

第四届“少林两仪门武学”研讨会代表大会

第五届嵩山两仪门拳法研讨会代表大会

徽章

結业証书

程志平同志于一九八四年四月十八日参加河南省武术教练員训练班学習，经考核，成绩合格，予以结业。

河南省体委武术館
登封县体委少林武术体校
一九八四年五月廿九日

证书

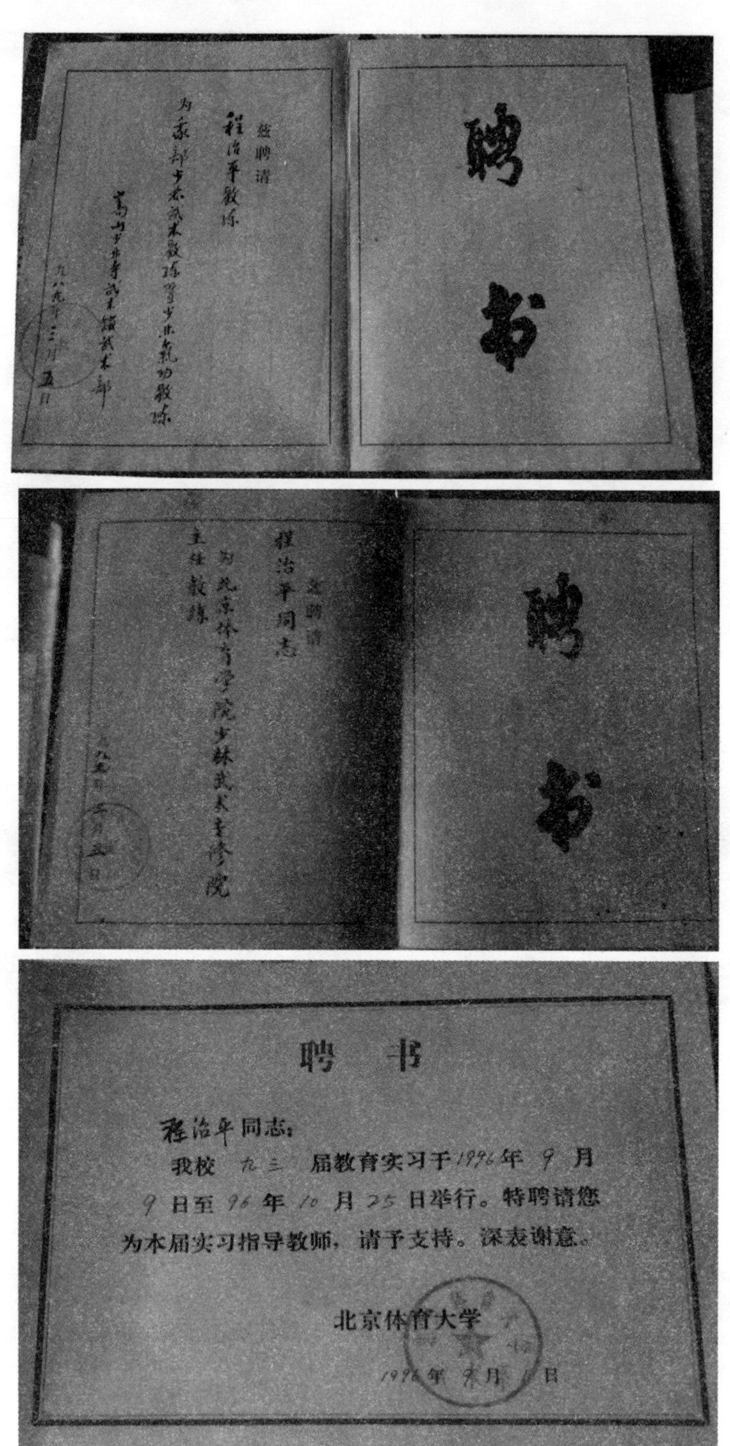

聘书

兹聘请
程浩平教练
为嵩山少林武术教练
嵩山少林气功教练
嵩山少林寺武术馆武术部
一九八九年三月五日

聘书

兹聘请
程浩平同志
为北京体育学院少林武术专修院
主任教练

聘书

程浩平同志：

我校 九三 届教育实习于1996年 9 月 9 日至96年 10 月 25 日举行。特聘请您为本届实习指导教师，请予支持。深表谢意。

北京体育大学

1996年 月 日

聘书

作者简介

程治平，号一痴生，1936年生于内黄县城关朱小汪村。幼年贫寒，六岁乞讨，倍受鄙薄。青年从戎练武，少林域内遍访僧、俗师友，拜谒沈丘两仪拳宗师陈子亮，学得击穴术。1984年经考试被定为国家级武术教练，1989年被少林寺武术馆（属国家）首聘为主教练，被北京体育大学武术系聘为1996届毕业实习生辅导老师，八省区聘请他开设武场，训练班。集少林、两仪、太极等多家拳派为一体，于1998年正式开设"少林两仪门拳法"课程，该课程2014年3月被河南省人民政府批准改为"嵩山两仪门拳法"。入门传人中有团级军人、政府官员、农民、传播文化使者的教授、修行大德的少林寺高僧等各界人士。2013年10月在山东安丘市召开的"山东省非物质文化遗产武术展演大会"上被聘为评审专家，后又被聘为沈丘两仪拳研究会顾问、少林寺禅武学院顾问。出版有《嵩山少林浑元一气功》《少林两仪门气功》《武术功法解说》《嵩山两仪门养生与武术》等书。为发展祖国传统文化的重要部分——武术，做出了贡献。

履历勉

程某少小是贫人，众曰是一无用人，
国土家园长成人，从戎练武要强人。
奋发努力刻苦人，循理求技一痴人，
文字阐述用心人，坦诚勤恳启后人。
金钱不惑清白人，邪魔难奈正直人，
天生我为一常人，做个益于人的人。

电话：15290863958

网址：www.shaolinlym.com

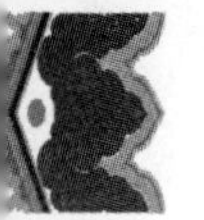

序 言

周序

气功、武术是中华民族文化之瑰宝，是精神、魂魄之体现，一直伴随着民族的发展而发展，水平也随着时代而提高，历代不乏有志之士倾力探求。

吾自幼喜爱传统文化，少年有幸随程师练武有年，后从岐黄，在愈感中医博大精深之时,亦深感气功、武术、医学其理相通，均为中华民族文化之瑰宝,均为人类强身健体之法宝。锻炼能强健体魄，舒爽神志，胜于有病痛苦，治病耗材，无由不为也。

程治平老师一生从武，功力深厚，可嘉之至。今以文字阐述，法理分明，自然规律，人体功能,医理作用，功理效果，透彻明了，图文并茂，深入浅出，文简意深，尤其是披露许多武术气功的秘籍、绝招，更是可贵。初学者可从此入门户，习练多年者,若悉心玩味,也可有炙脔精髓之快。人生驹隙，虽不尽有惊天动地之伟业，而身为炎黄子孙,若能扬华夏文化之魂，强天下苍生之魄,增砖添瓦，岂非幸中之幸。

虔阅此稿，欣然为序。

河南中医学院　周发祥

2015年3月

阎　序

少年在小学读书、练武时，耳闻过程治平。入登封武术体校面识了他，1989年在少林寺武术馆任教，又与其为同事，他的坚持不懈，努力追求，积极贡献，真是可敬、可佩。

工作当中一起讨论，听到过他的一些说辞，寻味甚觉有理。今又阅读此论述，确实感到又是一番境界，可说是居高瞰广，讲得透彻，分析全面，似有见地共同之感慨。幸嘱言之为序，实为之增汗，仅拙笔数言以示支持，只说是好功法、真道理，望读者谨循。

少林寺武术馆副总教练、国际教学部主任

阎治军

2015年3月

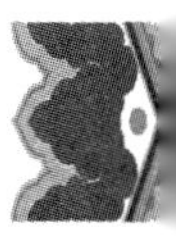

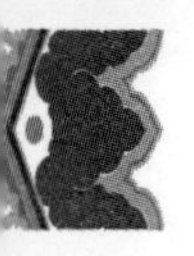

答　序

周发祥教授

河南中医学院内经教研室主任、博士生导师

中国哲学学会中医哲学专业委员会理事

全国内经学会副主任委员

河南省中医药学会黄帝内经学会主任委员

阎治军教练

嵩山少林寺武术馆国际教学部主任

少林寺武术馆外联部主任

少林寺武术馆副总教练

二君序言以鞭策，近八旬驽马，还当业道奋蹄。

编者

张 序

天清地浊，河图洛书，圣人作易经，囊万物，喻百理，文化根脉。

背靠黄河，望伏牛，峻极嵩岳，牵手汴洛，俯瞰中原，五乳峰下拳风盛。

内黄一痴生，自幼贫寒，从戎练武，志高远，访师友于少林，心诚意坚，拜两仪拳宗师陈子亮，得击穴绝技。

越山水，联袂武当，阐精义，携手太极，集众长创嵩山两仪门。

雷厉风行，朴实独特，练筋骨，纳灵气，六十余载无一日辍，肩负使命，求索精粹，承前启后，尝风霜雨雪，师者呕心沥血，门人壮志凌云。

天行健，君子以自强不息。地势坤，君子以厚德载物。

程朱理学传流远，志喻国人尊荣心，

平易近人聆者众，开诚布公闻者信。

宗旨永循首律己，两相授受情谊深，

仪礼周全互相悦，门望名播世人钦。

中华文明五千年，武乃瑰宝，十三亿优秀儿女，须塑我民族精神，浩然气慨荡寰宇，跻世界民族之林。

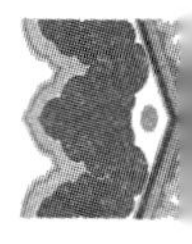

大漠孤烟、张宏卫作

2014年中秋

目录

概述……1
第一部分　气功与养生……1
一、浅谈养生……2
二、认识与对待生命……3
1.生命的表现……3
2.正确认识生命……3
3.理智对待生命……5
三、气功的形成与作用……7
1.气功的形成……7
2.气功的作用……9
第二部分　浑元一气功……11
引言……12
一、浑元一气功生理基础……16
1.气之真义……16
2.气血解……23
3.气血相辅……24
二、浑元一气功的练法……26
1.浑元一气功的概念……26

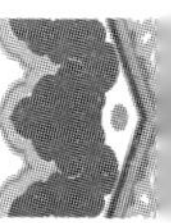

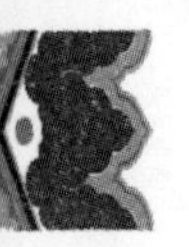

2.练功时间……27
3.练功的四个阶段……27
4.浑元一气功动作名称歌诀……32
5.浑元一气功动作图解……32
三、浑元一气功的行功运气有关理论……51
1.阴阳、五行说……51
2.动静、虚实说……55
3.无形有形说……56
4.三害解……57
5.四梢变态论……58
6.面部五行……59
7.纳气变色论……60
8.行气论……60
9.过气论……62
10.点气论……63
11.聚、衡、循环……64
四、浑元一气功在武术中的作用……65
1.论头……67
2.论身……68
3.论手……69
4.论足……71
5.论精、气、神、力……72

6.站桩八字诀……………………………………………………75
7.浑元一气功十要论（即十个要点）……………………………78
小结………………………………………………………………90
第三部分　武术部分……………………………………………93
概论………………………………………………………………94
1.少林武术的起源和发展…………………………………………96
2.少林武术风格与特点……………………………………………98
3.当今的少林武术…………………………………………………99
一、少林武术有关理论分析………………………………………100
1.释家捶把十要诀（即拳法要略）………………………………100
2.六合练身法………………………………………………………112
3.五官合心…………………………………………………………112
4.严察交口…………………………………………………………113
5.见死反活法………………………………………………………113
6.手法足法指（旨）要……………………………………………115
7.身法指要…………………………………………………………116
8.习搏指要…………………………………………………………117
9.运气用气法………………………………………………………117
10.纳气分路法………………………………………………………119
11.练成二十四个字法………………………………………………120
二、少林福居十八势打法歌诀……………………………………127
1.手法十八家………………………………………………………127

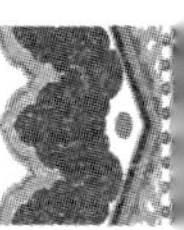

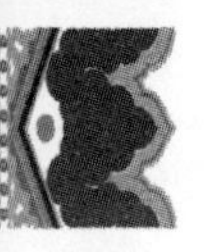

2.十八势打法歌诀……128

三、少林两仪门拳法……133

1.少林两仪门拳法序歌诀……133

2.动作名称歌诀……133

四、说少林之把……143

1.心意把……144

2.虎扑把……144

3.贴身靠……145

4.小鬼撺枪……145

5.移身闪站……145

6.丹凤朝阳……146

7.偎身靠……146

8.小瞄子……146

9.大瞄子……146

10.高低瞄子……147

五、关于“点穴”之说……147

1.点穴（击穴）……147

2.抗击打……152

3.解穴……152

编后语……153

附：本门中人……154

概 述

嵩山地处中原，通衢四方，五岳之中，自古以来在我国文化繁盛发展中具有重要地理位置，各家文化体系的专修场所，都汇聚在这里。在我国很具影响力的释、儒、道三大家都有佛寺、书院、岳庙建筑并聚集着各家众多的修道者。

武术是我国特有的一项文化体系，是我国根本的传统文化一脉，在漫长的社会发展历程中，各家思想意识无形地被逐渐融入进来，在一定程度上为武术后来的发展、提高起到了相应的指导作用。对武术技术影响最密切的还是中国医学，一贯有“武医相通”的说法，因为两者都是以人体为研究对象的。

自明末清初以来，武术体系逐步形成，中华武林界最具影响的可谓是以嵩山少林寺为名的“少林派”，有“天下武功出少林”之说。本来我“少林两仪门拳法”在技术内容和水平程度方面，都是以“少林武术”为基础的，但由于种种原因，现在我们只得效仿武当、峨眉以山为派，以两仪门为支脉，称之为“嵩山两仪门拳法”了，敬请世人谅解。“嵩山”为派，涵括层面更加广泛了。

武术是中华大地范围内特有的一项事物，是被中华人类原始祖先认识、掌握并运用于自卫防护的一种特殊技能，继而发展成为战阵格斗和防病保健的有效手段，是一门社会科学，蕴含着深奥的哲理，对人体功能的锻炼所起的作用是其他方法不易替代的。

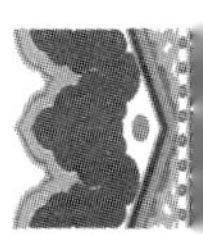

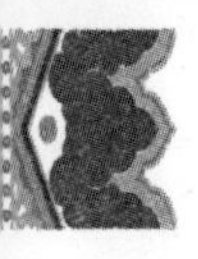

由于武术的实际作用，受到了中国历代人民的重视，普遍存在着求取心理，更有智慧者，广聚博采，既兼而有之又有独具之长。中国武学虽然是源于一脉，但因地域广阔，由于各种因素（客观的地理环境、气候，主观的体能和生活习惯）产生了意识的差别，形成了不同的拳派，技艺也略有异同。

嵩山两仪门拳法理性意识是释、儒、道各家文化思想的概括，拳理技术源于嵩山少林、两仪、太极等多个拳种，并与其突出的实质特点结合，归纳起来演练为一种独具风格的功法。

少林拳是以河南登封嵩山少林寺为名的一个武术流派，有广义和狭义之分。少林寺建于中国历史进程中的北魏时期，是佛教为了在我国中原区域传播发展，建筑较早的一所寺院，第一位入住的印度僧人跋陀的弟子“僧稠”（也说“稠禅”）精通武功，并在寺内演练，成为开少林武术先河的创导者。由于武术的原发性（古代中国人除老弱、幼小外，几乎都从武，武术发源于中国）和社会的各种因素，少林寺僧人都崇尚武术并练习技艺，又在历史的几次偶然政治事件（十三棍僧救唐王、宋太祖赵匡胤献技、明代僧兵平倭寇、俞大猷的技艺改良）中，产生了突出的影响。因地处中原，有交流的特殊便利，广纳兼收，不断汲取，遂形成了源流久远、涵盖广泛、影响颇大的武术派系，具有原发性、偶然性、特殊性、必然性。

两仪拳：先是天地混沌，阴阳未分，后是清阳升、浊阴降，形成了天与地，有了阴阳之分而成两仪（这些是古代人对事物相对循环的认识论，代表着自然界事物变化发展的两种不同因素）。阴阳相交生万物，万物皆有阴阳，武术是一项人体运动，运动也就是变化，而且这种变化的形式特殊、明显，其中有心理意识的、有身体行动的，还必然是先有意识（在客观因素的影响下）后有行为，这就是内具精神、外具形状，是内外阴阳之统一。意识就是心理变化，表现于面部气色、眼神、貌相、行为就是身体姿态的动静、虚实、进退。

武术自始以来就处处体现出了阴阳的互助接替，无穷无尽，由于认识的差异，使得一些门派、武家，没有深究细讲或不以此为名罢了。

什么是“两仪”？两仪就是天仪、地仪，是中国古代先人对自然界认识观总结的“阴阳论”之称谓。古代阴阳学说认为清阳上升为天，浊阴下降为地，是天为阳，地为阴，形成了一个自然的大阴阳。用这样的观念支配认识，对自然界各种物体和事物又都从各自变化的阴阳两方面来看待，是为小的阴阳；仪字有人字旁，是说明自然的和人为的一切事物，使人们意识上能接受，有益处，有意义，和人有关联的，就用唯物的阴阳辩证观点来解释和对待。任何事物都包含着外界客观条件和自身主观因素的阴阳两面。

“一阴一阳则为道”，道，就是事物发展的自然规律，前提是因素和条件。天地阴阳为条件，物体阴阳为因素，纯阴的独立一方不生，纯阳的一面也不生，阴阳相合乃能生。条件和因素相适应，形成了统一，事物才得以生成，是大的阴阳相合，事物自身小的阴阳相合可得以变化与发展。主观为因素，客观是条件，因素必须适应条件，只有因素的改变与发展才能更广泛地适应条件。

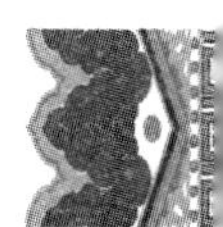

人体为自然生物，有自身适应自然和社会的能力，要想加强这种能力，就必须得采取改变措施，各种体育锻炼就是措施。体育也就是身体素质的培养，加强和提高了智力、灵敏、速度、力量、柔韧、耐力这些基本素质。

武术是多功能的体育运动，是辅助身体全面发展的特殊有效手段，它所包含着的，也是其要求的，如内外兼练、上下协调、动静互变等，无处不体现出自身的相对变化因素，即人们所认识的阴阳的互存、互依、互助、互抑的阴阳观念。从天地两仪的阴阳观涉及了人体生理功能之阴阳，直至功法技术的变化阴阳，这就形成了有观念、认识、行为的整体阴阳观点，也即是两仪之称谓了。

两仪也就是唯物辩证观，是自古以来的哲理阴阳学说观，是事物发展规律因素相互论（也就是事物的相对变化规律），既有循环，还有升华的含意。

关于两仪拳的起源问题，我们不做子虚乌有的假说，也不做推崇附会，但是必须承认祖辈前人的智慧总结，给我们留下了宝贵的技术经验。时代和社会状况影响着人们的思维和行为方式，根据当时师辈们的个人体会，只能做一些口传心授之法，我们在接受传承过程中需要加以仔细斟酌，选择取舍。

两仪拳是由河南沈丘段氏门人陈子亮先生所传。借鉴医学理论，根据人体生理经络连通，内外互及的关系反应，练就的一种功法。用于击穴，堪称武林界中之妙法。它的源流归属及沿袭，没有原始文字记载，只有些传闻（近期有说是考查出了原创人）。就其以两仪为名来分析，已经很明确地显现出了中国哲学观，两仪就是天仪、地仪，实际就是阴阳，是自古以来人们认识事物变化规律的论证观点，这也说明两仪拳功法是有相当的历史年限了。

少林拳中有语曰：“拳中有搓谁能明，若得其意妙如神。”这个“搓”就是用来概括阴阳变化、交替的特殊性质之描述。搓，就是来源于不同方向的力量突然相合为一致，拳术演练中的手搓、身搓、脚搓，周身同时用搓，没有顺序先后和时间快慢的截然突出的分别表现，这种快捷整体的力量强度是可想而知的，是武林界人士向往、追求和欲达到的。因有显著的阴阳劲力相合为一致，催发整劲于始终，我辈长期坚持了这样的演练方法，积习惯以成自然，形成了一种与众不同的风格。

嵩山少林拳，派系庞大繁杂，历史悠久，具有阴阳变化，刚健迅猛。两仪拳独具特色，点穴过气技高一筹，武林志士仰慕向往，实属优秀武术项目。本愚人把嵩山少林拳、两仪拳为主的两个拳种融汇互补，体用升华，既不臆断乱造，又不同俗成，合乎哲理（阴阳变化），融于医理（祛病延年），适应生理（老少皆宜），体现技理（功力效果）。两仪门拳法内容系统完整，集套路、技击、点穴、浑元一气功为一体，以修心养性、祛病延年为宗旨，是将两派拳法优点整合演练、体验总结为另具风格的一派功法。因有前人的表述和称谓，两仪门拳法并非我辈之智，况且武术本来就不是一家之言、一人之事，它具有广泛的社会性。“嵩山两仪门”实是沿袭两个拳派之名合而用之也。

第一部分

气功与养生

一、浅谈养生

“养生”一词早就出现在我国古代的文献中，历代都有名人事例和名篇叙述面世，总结出了各人的养生理念，汇聚了多种功法流传。

何为养生？养生是人类的一种认识行为，采取一些必要措施，培养健康体魄，可使其延年益寿。就人体而言，自有形以来就是利用物质能量使其得以发育成长（包括先天和后天）。

养，也就是人在意识形成以后能自主积极地摄取所需物质能量，使人体更充分地得到滋养。

生，即是人体生命，有外象的各种体能表现，又有内在的器官功能活动（包括意识思维）。

人的生命是存在于环境条件下的一个活动物体，想要适应环境和条件，以及正常发挥或超常发挥人体活动能力，就得采取一定的保障措施来加强人体活动能力（即生命力）。

怎样养生？人体生命是一个充满活力的旺盛机能物体，其形状结构是内有五脏六腑、经络，外有筋骨皮肉、毛发，而让其能活能动的则是精、气、神、力，养精养神需调气，调养气血自有力，力是贯穿于精气神之中的必然表现，坚持调养方法，才能培养成健康的身心。古人云：“勿劳尔形，勿扰而精，其乐融融，乃可长生。”

养生之事人人都能做到，但是不一定人人都能想到，只有对生命价值有所认知的人，才会想到和做到“养生”一事。怎样来认识与对待生命呢？有一句非为名言的俗语曰：“有权、有钱、有成功，没有健康一切空”，道得可谓淋漓尽致。

二、认识与对待生命

1. 生命的表现

人的生命是有价值意义的，即便不去刻意分析理解，它也是事实的存在。由于社会事物的复杂多变性，使人的情感随客观而变化，有不尽相同的表现，产生了七情六欲，喜、怒、忧、惧、爱、恶、欲。其中的“惧”也就是怕，怕什么？说到底是怕死。为什么怕死？因为有一种眷恋，那就是有喜爱的人，爱做的事。如果人不怕死，那就什么也不怕了。但是世上还真的有两类不怕死的人：为目的不顾性命冲锋陷阵的勇士和为大义视死如归、凛然不屈的志士，他们抛弃了个人的眷恋顾全大局，这一类属不寻常的人。还有的就是精神病患者和心胸狭隘因微不足道的小事想不开而轻生的人，这一类属不正常的人。那么我们绝大多数都属于正常人，正常的人就应该用正常观点来认识和对待生命。

2. 正确认识生命

在大自然界中，人类的诞生推动了社会的进步与发展，致使进入了高度文明时代。在这样的历史进程中，组织建立了政治体系的领袖伟人，发明创造了能服务于人类的科学尖端的智慧贤达，授人文化、技能知识及明理兴业的恩师表率，让世人敬佩、颂扬。人类物种的繁衍、延续，是先辈们天高地厚之恩德体现，也该受报答之情。尘世间能有轰轰烈烈、惊天动地之举的也仅是寥若星辰，普遍的平庸的碌碌常人，只是简单而平凡的劳作不已，从事于各行各业，给社会增添了决定性的无限活力，看似微不足道，实则是真正的社会基础。由此看

来，是人，生命都是高尚的、有价值的、只是能力的差别和贡献的方式有所不同。只要不是道德败坏、危害社会的不耻之徒，都应该正确认识和对待生命，为能够做人类中的一员而自豪。

人的生命、形体是两种不同的精气细胞（精子、卵子）的结合，有规律、有系统、有极限地分裂变化而成的，细胞的健康与否，是决定先天素质（遗传）的根本。天地造物，优胜劣汰，自然界中人是最优秀的，但在整个的人类中依然是有差别的，同样的环境、同等的条件，为什么有的人身强力壮，寿命也长，有的就体衰力弱且寿命短，这就纯属个人问题。先天遗传是上代先辈们在社会阶段和环境因素的生活中认知的欠缺（不可说是愚昧无知），有些不良作为，对人体的某些系统器官造成了伤损，积淀为潜在病原，一旦条件适应，就在后代人的身上迸发。后天因素，也是有些人的不良嗜好对身体直接造成的。

“一个生命的存在会给另一些与之相关相联的生命以快乐、希望、安慰，或鼓励，而一个生命的凋谢则会给另一些生命留下失望、忧伤，甚至是绵长的悲哀”。生命的伟大、高尚、珍贵，不仅是只有一次，而是他应有的社会活动和贡献，以及还“牵动着其他生命的精神、感情、前途和命运”。不要认为生命只是一个人的事情，生命是具有一定社会性的。

生命是有价值、有意义的，它的价值和意义就在于对社会、家庭、他人的奉献，如果身体不健康，做什么事都力不从心，甚或疾病缠身，其他人忍受着护理的拖累、心理上的惊恐压力，家庭和社会还要承担医疗费用，造成经济损失，自己更是有难以言表的痛苦，这样的生命价值、意义又何在呢？没有价值、意义的生命给社会造成了损害，已不需要，也不必要存在了（俗话说的生不如死）。当然，人的生命是有极限的，新陈代谢的规律无法逆转，也无法违背，但是不到尽头而死亡，虽然没有做过危害社会的事情，因其对社会活动的义务没有做到最后，从某种意义上讲也算是一种罪行呀。

离了谁地球都照样转，这是一句真正实话，因为一个人在自然界中是非常渺小的，孤立的一个人是没有丝毫力量的。但这又是一句很不妥的话，即便没有了整个的人类，地球在宇宙空间中也照样转，这是人类认知后才被证明了的，如果没有人类的认知，还怎么知道它转和不转？所以说，每个人都是整体中的一员，都是整体中的一个活动分子，都有责任互相帮助，这样才能做好社会活动。健康能保证身体、能维持生命，使得人能思考、能辨别，能具备一切活动能力，这样才算是健全的生命体，每个人也都是社会上不可缺少的一分子。

3. 理智对待生命

怎样才能有一个全面健康的身体呢？那就要求现代人改变不良嗜好，生活有规律，吃饭不挑食，饥、饱适宜为度，克服懒惰，积极参加身体素质的培育锻炼，以后天之努力，补先天之不足，按照正确科学的民族传统养生、修身之功法技术，可以练到延年益寿、返老还童的境界，使自身精力旺盛，也给后人遗留健康基因。人真正的高尚是既为自己，也为他人，为自己是能很好地发挥自身能力为社会做贡献；为他人（自己的后代）是给予莫大的好处——健康。特别是中老年人的身体健康还给家人减少了精神和经济负担，这就是人生价值的

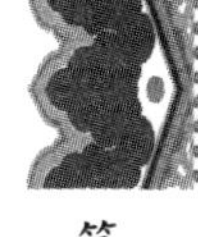

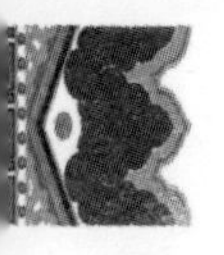

真正所在。

智慧的人选择了修身锻炼，也是保证健康的根本方法，整体功能得到了调理，激发了对已受损细胞的修复和对未来不利因素侵害的防御功能，不需要依赖不必要的药物和补品（所谓保健品）就已经增强了旺盛的生命力，较能抗寒暑、耐饥渴，有超常的能力发挥。聪明的人有良好的生活习惯，不大损伤身体，避免了疾病发生，保持了生命的正常存在，具有活动能力。愚蠢的人对生命没有正确认识，什么都不在乎，贪图一时之快，根本上违背了养生规律，正如《黄帝内经·上古天真论》所云："今时之人不然也，以酒为浆，以妄为常，醉以入房，以欲竭其精，以耗散其真，不知持满，不时御神，务快其心，逆于生乐，起居无节，故半百而衰也。"这种消极的人生观，虽然同样是生活但没有实质意义，随时都可能有疾病发生，被动的治疗耗材，甚至害命。

自然界中的每一种生物的生存与进化，都是改变自身的功能素质以适应环境的。人类当前面临的气候变化和环境污染，对身体健康以至于生命延续带来了严重的不利因素，甚至是挑战（病种衍生、患者年轻化）。要生存就必须得适应，要适应就得改变人身各系统的功能素质，药物和其他物品虽然能暂时解除人身的一些症状反应，但也给人体组织器官、生理功能带来了相应的损害，任何事物都是存在着两方面的属性。药物能一时缓解病痛，同时也能抑制、损伤其他组织器官的功能；保健补品的激发作用，使人体潜能集中和过早发挥，短时间看似健康，其实是对身体非常不利的，犹如饮鸩止渴一样，扰乱了机能组织功能，损害了生命的延长。但是世间的绝大多数人没有这种认识、没有这样的觉悟，不知道最好的办法就是加强自身功能的锻炼（有惰性的人不太情愿），形成自发的机能调理，使内瘴自消除，外邪不侵入，焕发精神，健康长寿。

三天五天不食不饮，不会因饥渴死亡，只有空气交换的呼吸是时刻不能停止的，如果不能呼吸，恐怕就能窒息而死。呼吸还不是意识控制能回避的，即便气味不好也得呼吸。据报道，在矿难中被困职工长达二十余日，最后能够活下来。有冬眠习性的一些动物，几个月不吃不喝也不会死，因为是他（它）们具有功能系统无毒害化的循环保证了生命，如果所处的地方没有空气，这种奇迹是绝对不会有的。那么空气对人体生命的重要性，本愚人说的不是诳语吧，调理呼吸系统功能（气功）也不会是恶意误人吧。

浑元一气世间稀，十个艺人九不知，

周身上下和内外，是处焉能无其（气）机。

不悟则悲，能觉方为大乐，生命的珍贵价值用言语无法表达尽致，希望每个人都能成为伟大民族中的健康一员，为社会多做贡献。

三、气功的形成与作用

1.气功的形成

我们首先要知道的什么是气。气，现已确定认为它是一种自然界三体（固体、液体、气体）之一，是广泛散布流动的气体物质，是地

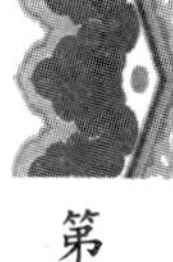

球上生物生存的必备物质条件。

人类是高级动物，是有思维、有意识的，能发现、发明、创造。智能之人认识到了气的作用，并总结出了练气方法（气功），可使多人受益，气功并不神秘，特别是前古先人在刚发现自然空气对人的生命有直接关系的时候，可能是觉得稳静时呼吸平缓、均匀，劳作时呼吸加快，运动剧烈时呼吸急促，以及病痛的呻吟，忧伤时的哀叹，呼吸系统在不同情况下的自然反应，又对人体起到了不同的作用（如缓解疲劳、减轻疼痛、舒畅懑闷），意识到了空气对调解人体功能所起到的巨大作用。一些智能者就根据这些反应现象对呼吸加以有意识地调整，深长的呼吸能适应多种情况，所以就把这种呼吸方法作为基本依据，进行专门练习，以适应各种客观情况，提高了人体的素质水平。

随着社会的进步和发展，情况不断变化，人们的智能认识也随之提高，需要适应的范围逐渐扩大，特别是武术运动在当时的社会环境中起着重要作用，一些贤达之士就把呼吸、导引之法与一些武术动作相互融合，这样一来，使得单调的呼吸方法也增添了新的内容与活力。动静相互结合，意识、气息和肢体姿态协调配合，这样的呼吸效果更为显著，经过了各时代的增益补充，形成了较为系统、完善的气功体系。由于人与人的差别，其智力、精力作用表现的不同，在实践和体会中也有了一些感受的不同，必然的也要突出各自的优点，所以就出现了多种功法和各自的练法，即所谓“道生万法皆同源，万法异途同归宗”。

2. 气功的作用

人类经过漫长岁月的进化、沿袭、发展，成为自然界的主宰——人，地域和观念相应地给人们带来了不同的意识影响，进步和落后，也是对一个民族体能素质的健康程度而言的。近代（20世纪初期）中国人民曾被其他一些国家贬为“东亚病夫”，国民经济处于贫弱状态，说明了人的身体素质和体能对社会的作用至关重要。“人是世界上第一可宝贵的”，人能在使自身适应自然的同时，还努力地改造自然，以使人能更好地生存。所谓的“人定胜天”，是说人的主观能动性得到充分发挥，就能够战胜自然，让自然服务于人类。

战胜自然，改造自然，首先要改变人类自身。人基本的要求是生存，要生存就得有强健的体魄，现代人由于生存环境的改善，生命安全有了保障，但人的身体素质水平却日趋衰退，比起其他生物就显得比较脆弱，生命再生力比较差，生命的耐受力也不太强。其实人生就是一场适应与锻炼，绝大多数人是生活在忍耐与无奈之中的。人的最大痛苦则为病，其次为受刑，再次则为穷。但是，穷是可以改变的，提高对社会的认识，守法度、讲礼仪则可避凶祸，只有病，不分职位高下、能力大小、知识多少、聪明愚笨，一旦疾病上身，苦不堪言，重则丧命，何谈智慧、能力、权势。因此，自古以来的文豪贤达之士，无有不练功习技者也。练功以强身除病，可免针刺之疼、服药之苦啊！

中国人民的祖先经过实践，总结出丰富的强身、健身、延年益寿的多种方法，以使人们做出更伟大的奇迹。“气功”是保障和加强人

体机能、延缓衰老的根本措施，“武术”是恢复与提高人体本能的一种特殊有效手段。生活在当代的中华优秀子孙，皆应自勉，一是继承光荣的优良传统，二是增强身体素质，以便为社会做出更大贡献。

第二部分

浑元一气功

引　言

伟大的中华民族，聪明、智慧的古代祖先，为我们创造了许多灿烂的文化遗产。为了身体的健康保养，以及生命的延长，通过探索实践，发明创造了强身、健身、护身的各种方法，详细揣度，这其中又是以气功为首。

气功在我国有着悠久的历史，曾被许多前人用作个人修养和武备技击的功夫。

古代的一些医书中有很多关于气功道理与练习方法的记载。如距今已有两千多年的最早的一部医书《黄帝内经 · 刺法论》中就有“肾有久病者，可以寅时面向南，净神不乱思，闭气不息七遍，以引颈咽气顺之，如咽甚硬物，如此七遍后，饵舌下津液令无数”的记载。汉末华佗的“五禽戏”更是一实际例证，唐朝孙思邈的《千金要方》中也记载了气功的作用与练习方法。各个历史时期都有涉及气功的著作，不一一赘述。

在天地之间，也就是整个的自然界，一切生物能赖以生存、繁衍离不开的条件，即空气。原始人类经过了漫长的岁月，进化为具有高智能的人，对自然界各种现象的认识也逐步深入，把一些事物现象甚或是对峙矛盾进行剖析、实践、解决，并且加以讨论、总结、记述、归纳整理成理论文献。

气功，受当代研究人类进化团体和医疗机构的倍加推崇，被誉为“开启人体生命科学大门的一把钥匙”。人类凭借智慧推动了社会的进步与发展，同时也认识了自身生命的价值，能以充沛的精力为社会做出贡献，强健的身体才是根本的保障。那么怎样才能够克服生活环境和工作条件给人体带来的不利因素呢？人们的认识逐渐追溯到生命的根本源泉——气，如果能够掌握和运用气，就得有完整系统的功法。

气功是我们祖先留下的一份宝贵文化遗产，我们应该热爱、珍惜、继承、发扬它，能够正确、全面、细致地了解、认识它，是练好气功的首要问题。

少林武术是以少林寺为名的武术派名，因为一些少林寺僧人在未出家以前或为武将，或为武术名家，入寺后又经潜心研练，还通过其他的社会途径不断汲取、丰富，其中也包括有气功的功法。少林寺僧人尊崇达摩佛理，神化其人，遂把各种功法也附会为其所创，传闻达摩有易筋、洗髓二经，藏于五乳峰下，也即是少林寺了。易筋经和洗髓经也就是少林气功的功法理论了。长期地神化其人，功法自然也就神化了，易筋、洗髓二经实在是很少有人能够看到［古代养生史话中有史料记载的易筋经是在明天启四年（1624年）才有手抄本出现于世］。由于气功趋于神秘化，只能是徒承师教，逐代相传，很有局限性，又加之少林寺几经灾祸，大火焚烧，文字资料已不多存在，散落于社会上的部分资料中，也仅是段段句句的记述。

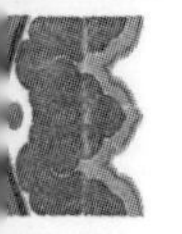

古人研讨、练习气功，其宗旨所在是为祛病强身，舒志爽神，内练五脏六腑，外练筋骨、皮肉、经络、血脉、毛发。拳诀曰："练到筋骨通灵处，周身龙虎随意行，掌心力从足心印，力达指尖使人惊。"这里所说的龙、虎即气功中说的气和血，气为龙，血为虎，气，质虚灵活，血，质实有力。气血融合贯通，也就具备了精神和劲力。又曰："心动勇气生，肝动火焰冲，脾动大力攻，肺动沉雷声，肾动快如风。"

这些前人练功体验的总结，都说明了一身上下，内外都可以达到一种运动状态，只有运动才能有生机，才能有旺盛的生命力。

少林气功练到意动气至的程度，就可以"气运全身分前后，筋肉蠕动似水流，脏腑动时如雷响，毛发起伏随气走"，周身内外、上下，以至于毛发都在运动，如能持久练习，体魄何以不健壮，病魔何以能侵身。

本论气功为"少林浑元一气功"。相传为宋、元之时的太原人氏白玉峰，以授武为业，精气功，剃度皈依少林寺后，又经潜心研习，创五拳（龙拳、虎拳、蛇拳、豹拳、鹤拳）。其中蛇拳有"蛇之气节节通"的说法。这就是浑元一气功的开始练习与运用，此后世贤者又不断地有所增补。近些年来，人们对修身养性的淡漠，病痛又全赖医、药、补品等因素，此功法已无人练习。本人参阅资料又经多处访、闻，与汲取其他功法的优点做融补，历经多年的探求摸索，对证体验，对浑元一气功有了些真正的理解和领会，亦能恰当地掌握运用。浑元一气功具有时刚时柔，忽隐忽现，用时即有，不用则无，随心所欲，灵敏莫测，浑然一体的功力，既可强身祛病、益寿，又可用于技击防身，是少林武术的功力根本，因而为武界志士所仰慕。它虽是古老传统的功法，但不逾越人体生理，质朴而不虚假，深邃而不玄乎，易懂，易学，易练。考究它的根本，实际是以气为基础，促使内在潜力发挥，自身机能调解的功效表现。至于其他所能，我辈实不敢奢求与妄论，仅述本门功法数言，望同道和读者予以品评指导，谨表谢忱。

另外，在此还要说明的就是，我们非常敬仰前人的智慧创造，崇尚他们的技术成果，遵循他们的理论阐述。但是毕竟由于年代的久远，社会环境的改变，生活和工作方式有了差异，观念认识也不尽相同，因此，我们要有选择地继承，正确、客观、科学地识别其观点论述。

社会的进步，促使了事物的发展和技术的提高，我们的知识是在前人的经验的基础上，在新的环境中，增加了新的认识，有了新的体会，有了新的总结，有了新的论述，技术的升华、理论的突破，这就是进步。也还等待着后人更新的认识与提高，这就是学无止境呀！

此套功法的动作姿势来源于少林功夫，其中的呼吸法则、运气方法、行气途径是采纳了其他功法中的优越特点，至于外象表现（肌肉蠕动、毛发竖立、脏腑鸣响），则是本人多年来练习体验的形成，其功法有明显特色，故而称之为“嵩山两仪门浑元一气功”。

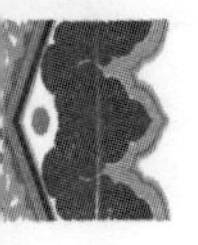

一、浑元一气功生理基础

1. 气之真义

当人类进化到能够认识自然事物的时候，首先观察到的是大多数动物群体，因为当时是人、兽同居于野，说明了人和其他动物是生活在共同的环境条件下的。生命存在的时候都是有呼吸功能的，当生命终止时，呼吸现象消失，也就不再呼吸了。饥饿虽然也是人类求生的一种主要功能反应，但在一定的时间内不进食，还不至于马上死去，只有呼吸这种现象一刻不能停止。因此人们认为这种现象是生物界生命保障的一种根本性的功能，又因为这种功能物质不像固体和液体那样能看得见、摸得着，而是无色无味、无形的东西，所以概念中就用“气”来形容这种物质。气，也就是人的生命中不可缺少的根本性物质。

随着思维能力的提高，对气和呼吸的关系及功能的反应有了更深刻的认识，如危险时的惊呼、困苦时的哀叹、痛楚时的呻吟，这些人体的自然反应，改变了呼吸功能的方式，相应地又对人体起到了不同的感受效果——缓解了惊恐的紧张，忧愁得到了舒畅，疼痛得到了减轻等。人体的自然反应经过多次的验证就形成了意识，意和气结合起来共同的作用效果就是精神饱满，力量充实，心情舒畅。后来人们把这些总结起来，以求得人体达到一种理想境界的锻炼方法，这也就是所说的气功。

人们加深了对身体生理构造和功能的认识，对气功的发展起到了促进作用。人的一身，内有五脏六腑，外有四肢百骸，筋、骨、皮肉及精、气、神，共同形成了一个完整的身体，脏腑之外是骨骼肌肉的框架腹腔，外面有皮肤毛发庇护，其间有血脉循环。人体的上下、内外一切生理功能的运动，维持了生命的存在，这种运动的能力保障，就是气息运动的功能所起的促动作用。这也就说明了只有气才能保障生命的存在，没有气生命就不能存在。因此，练习武功技术的人，需要较强的体能发挥，就更要加强气功的锻炼，这就首先需要明了气是来于何处，去于何方，如不明白这个道理，也就无从谈到练功了。

（1）中气论

中气，就是人体先天具有的元阳，中医学所说的元气，因为它处于人身的中间位置，练习武功的就把它称为“中气”，是先天就已经具有的真一之气。用文法练习的静养功，就称之为内丹；用武法锻炼的运使功，就称之为外丹。然而，无论是静养的内丹，还是运使的外丹，必须相辅相成，动中求静，静中寓动，动静变化，互为依据。练习的步骤还一定要合乎法理，遵循法理，只有这样才能修炼到超出常人功能的理想境界（境界就是人的自身情感、思想意识、心理状态、行为能力的统一体现）。一般学、练气功的人，没有真正地认识和了解中气为其根本，也不深入探索中气的道理，只求一些外象的表现，而没有内在的实际运动，没有认真寻求捷径，没有探索出正确门道，一味地盲目练习，最终也不能掌握达玄入窍的方法，哪能有成功的可能呢！

人，自有生命开始时，就秉承父母之天性进行气血融化，和合，才得以发育。先天的天性则谓神，神以化气，积气化精，以成形骸，精即是物质精华，就是人体中的血液。神和气为虚，精血为实，虚以化实，实以应虚，才为气血融合。当人在母体内初凝聚为胚胎时，神、气、精血凝聚于虚危穴，亦名神阙（肚脐），以受母体供养，其后为命门穴，两旁为肾，这个位置正处于人体的中间，真正的先天阴和阳，也就是在这里孕育、萌发。纯阴不能生发，纯阳也不能生成，阴阳合，乃可生，人体根本功能保障的物质——“气”，也就产生在此处，所以就把它称为“中气”。此气灵动、明显，它的盛衰决定了人的先天素质，经过后天的修炼不但可以增强原有素质，更能弥补其不足，能使弱变为强，衰变为盛。改变了身体素质，增加了无限强盛的生命力，延长了寿命期限，这些功力效果也是达到体能高度发挥的基础。

大自然以气为基本条件产生了生物界，气是各种生物发生和发育的保障，人体的五脏六腑是人体生命的重要器官，气对人身五脏起着主导的作用，心、肝、脾、肺、肾通过对呼吸出入空气的气化转变物质的摄取，发挥着功能循环的作用，所以把这种物质和功能称为心之神、肝之魂、脾之意、肺之魄、肾之精。人的精神、意志实赖于气息的调节，气息能循环周通于全身，经络、血脉也起着非常重要的作用，因为经络、血脉是连通脏腑，贯注全身气血的通路，也是供给和排泄物质的沟渠。气被吸入肺脏、经肺泡功能转化与血液融合，注入心、肝、脾、肾。自脏腑而出，则贯注于经脉，流通至全身，然后再由经脉回流入脏腑，循环呼出体外。

一吸一呼奠定了人体的生机，中医学观点认为，人体的形成是先由肾脏开始的，肾有二枚，左为阳，右为阴，肾生而长骨骼，肾又属五行之水，水能生木；肝脏属木，肝生而长筋，筋又是附着于骨骼，木能生火；心脏属火，心生而长血，血又流注于筋脉，火能生土；脾脏属土，脾生而长肌肉，肉又汲取于血脉，土能生金；肺脏属金，肺生而长皮毛，皮毛又连于肌肉。五脏六腑是人体内不能分离的功能系统，五脏六腑依次序而生长，成为人体形状，既是真一之气与其他气机的巧妙合成，又是气和血液凝聚的必然结果。

（2）五脏

人身胸腹腔内的心、肝、脾、肺、肾五种主要功能器官，称为五脏，对人的生命活动起着重要作用，是生养气血和储存气血的地方，也是宣泄贯通的机关。了解五脏器官的功能作用，对于学习气功，练好气功也是很有必要的。

1）心脏：

心脏的形状如未开之莲花，中有七孔、三毛（分左、右心房，左、右心室，主动脉、静脉等分别出入）。各脏腑都与心脏有密切联系，依靠其输送血液营养物质。

心脏在五行中属火，旺于四、五月间，色主赤，味主苦，外通窍于舌，泌汁液为汗，七情主喜乐，在身主血与脉；所藏者，神，所恶者，热。面色赤者，是血热也，好食苦味，是心神不足的症状。惊悸、昏晕、善忘，是心虚弱的表现；心脏如果有了病，舌感焦苦，味觉减弱或失去，无故烦躁，口舌易生疮，口臭，手心、足心发热等。

2）肝脏：

肝脏其形如悬匏，有七叶（左三右四），位居背脊第五椎。

肝脏在五行中属木，旺于春二、三月，色主青，味主酸，外通窍于目，泌汁液为泪，七情主怒，在身主筋与爪甲；所藏者，魂，所恶者，风。肝有病，则生蒙翳于两眼角，流眼泪，昏睡，惊恐，面色发青。好食酸味者，肝气为之不足，惊恐多怯者，为肝脏之虚弱症状。

3）脾脏：

脾脏其形状犹如镰刀，附于胃，运化胃内之水、谷食物。

脾在五行中属土，旺于一年四季，色主黄，味主甘。外通窍于口唇，出汁液为涎，在七情主思虑，在身主肌肉；所藏者，意，所恶者，湿。面色泛黄的人为脾弱。好食甜味者，为脾之不足，脾脏若有病者，口淡，食欲缺乏，多涎水，肌肉消瘦。

4）肺脏：

肺脏其形状如悬盘，上有气管通至喉咙，位居胸腔极上，附于背脊第三椎，为五脏之华盖。

肺在五行属金，旺于秋季七、八月间，色主白，味主辛。外通窍于鼻，出汁液为涕，在七情主忧，在身主皮毛，所通者，气，所藏者，魄，所恶者，寒。面色淡白无血色者，为肺枯，两颊赤者为肺热，呼吸短促为肺弱，胸背畏寒者为肺有邪侵之症；肺有病灶就咳嗽，气逆鼻塞，多流清涕，皮肤发痒等。

肺为气在人体中出入、交换、转化的功能器官，又是其他脏腑得到气化物质的必经之处，故而有“肺为气之府，气为力之君，肺强之人力则强，肺弱之人力则弱”的说法。也就是说，肺脏功能好的人，肺的扩张幅度（肺活量）大，被纳入的空气多，交换的营养物质就多，对人体健康所需的基本物质供应也就有了保障，由此也就决定了人的生命力和日常活动能力的强弱。

5）肾脏：

肾脏其形如蚕豆，二枚，一左一右，中间为命门穴，位居背脊第十四椎，前对肚脐，后附于腰。前人认为此处为男子藏精、女子系胞的位置，现代医学以客观、科学的方法给予了正确的论断：肾为泌尿系统，是人体液的重要排泄器官。

肾脏在五行中属水，旺于冬天的十、十一月间，色主黑，味主咸。外通窍于耳，出汁液为津，七情主欲，在身主骨；所藏者，志，所恶者，燥。面色黑悴者，是肾亏，阳不举者，为肾弱；肾若有病，腰中疼痛，膝足发冷，骨髓酸软无力。

五脏对人体的共同生理功能特点是生化和贮藏精、气，与六腑有不可分离的统一关系，但又有相互区别。《素问 · 五藏别论》中说：“所谓五脏者，藏精气而不泻也，故满而不实。六腑者，传化物而不藏，故实而不能满也。”五脏的功能物质供应来源于血液，血液又是经肝、胆、脾、胃、大肠、小肠这些脏腑器官功能把实际物质进行转化、吸收而成的，所以说五脏六腑关系十分密切。五脏又与人体面部诸窍也是相连通为一个整体的，也就是五脏的外候表现，如心通窍于舌，肝通窍于目，脾通窍于上唇人中穴，肺通窍于鼻，肾通窍于耳。歌曰：

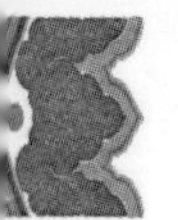

怒动肝来声动心，鼻纵气促发肺金；

口唇上下理脾气，拎耳目突肾中寻。

修炼武功技术，须知人体形成的生理结构，练形体为了合其外，练气息为了实其内，以致达到形体、气血、内外合一，健康强壮，坚硬如铁，这就又涉及了人体的四个末梢部位。

（3）四梢

拳谚有“拳打四梢齐”的说法，那么什么是四梢呢？四梢就是骨骼的末梢、筋脉的末梢、肌肉的末梢、血液的末梢，它们所处的部位及作用如下述。

1）骨骼之末梢：

牙齿为骨骼的末梢，由于骨骼为人体的框架，经络、肌肉、血脉又都附着于骨骼，气是沿着经络血脉而运行，所以说气是源于脏腑而缘于骨骼，骨动则筋脉亦动，骨直则筋脉伸展。

2）筋脉之末梢：

足趾、手指为筋脉的末梢，筋脉经络为气必行之道路，通上而连接于下，周身气息贯通，能够达于趾、指，这样也就相应地加强和锻炼了筋脉的功能。筋脉功能的加强，又能更好地便于气的流通，筋脉伸则肌肉鼓胀。

3）肌肉之末梢：

口中之舌为肌肉的末梢，因为经络和气机被肌肉包容着，舌头是接通任、督二脉的桥梁，当督脉之气上升至百会穴后，又从两侧耳前向下凝聚于上唇人中穴，通过舌头的接引才能下降任脉，注于气海，汇聚于丹田。气循经脉运行，肌肉自然要鼓胀，毛发则随着肌肉的鼓胀、皮下肌的收缩而竖立起来。

4）血液之末梢：

毛发为血液的末梢。毛发长在皮外，根在皮内，联于经络。血液是人体的物质基础，毛发的营养也自然来源于血液，所以毛发的润泽与枯燥，是标志着血液盛衰状况的。血能养气，气又能活血，气血交融流通，毛发起伏，气透贯毛发，毛发竖立、肌肉收缩，则力量壮大。

明白了人体四个末梢部位与气关联的意义，就应该把它练通畅，在意念的引导下，使气能运行于身体的各个部位。它既是存在于人身的形状体态之中，又是能使形体活动和催力发放的一种特殊功能物质，这就是真正的“气”。总之，气之根在命门，盛在脏腑，行于筋脉经络，通达于四梢。因而，要培其元气，守中气；保其正气，护肾气；养肝气，调肺气，理脾气，升清气，降浊气，存丹田气，去浮躁气，避邪恶气，总之还是应该练气，不能有过度的忧、思、悲、怒情绪，以避免对其气的伤损。必须使气息平和畅达，通行无阻，能使内外、上下合成一体，气息运行周身，才能称之为全功。

2.气血解

人体生命和它的功能是气之和合，血液之凝聚，是以气为主，以血为辅，气在人体中主君，血在人体中主臣，君臣相宜，生命旺盛。如果血不足时，生命还可以暂时存在；若气不足时，随时就可死亡。能够维持人体生命活动的，气的作用是最大的。

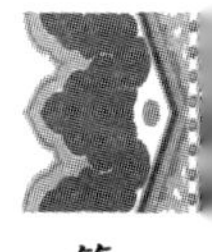

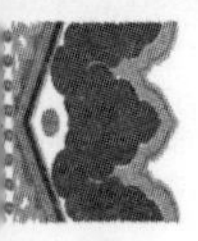

气者，论其大概，源出于命门，通三焦：上焦心肺膻中部位，中焦脾胃中脘处，下焦肝肾关元气海的地方，司根本于肺。“气”就是人体活动的元气、脏气、空气，是一切气机的概括。内行于脏腑以里的心、肝、脾、肺、肾，外护于表的筋、骨、肉、皮毛，气息的运动周通于全身，或是出入，或是升降，昼夜都有其正常规律。气本来是无形的，属性为阳，能激发推动血液流通，就是由气进行运动的功能作用。

血者，水谷之精华。饮食受脾、胃等消化系统功能的化生，是由血浆、红白细胞、血小板等组成的一种精微物质，能够调和五脏，润泽六腑，然后流入筋脉。血液是经胆、脾、胃、肠所化生的物质，心脏为其统帅，注入于肝，与空气交融于肺，施排泄于肾，灌注全身各部，依循着动、静二脉环绕运行。人体的各器官没有血液提供养分就不能发挥其功能，眼得血才能视看，耳得血才可听闻，手得血才能摄捏，足得血才能行走，脏得血方能进行分泌汁液，肺得血方可进行呼吸，人体功能的出入、升降、濡润、宣通，均是靠着血液的功能作用来完成的。

气血盛的人则容貌壮，气血弱的人则形体衰，人的强弱是由气血来证实的，人的性命生死是靠气血来决定的，修炼功夫的人确应注意调气、养血。

3 . 气血相辅

人的一身，内有五脏六腑，外有五官百骸、筋脉、肌肉、毛发。

五脏就是心、肝、脾、肺、肾。

六腑就是胆、胃、大肠、小肠、三焦、膀胱。

五官就是耳、目、口、鼻、舌。

百骸就是头、身、手、足，四肢躯干的骨骼百节，是以筋肉、经脉的相互连接，形成了一个完整身体。

中医学认为筋脉与经脉在人体中的走向相同，而功能有别。

筋脉，前人认为“筋”，始于爪甲，聚于肘、膝，缠结于头面。其上肢是由贴近于躯干的肩膀，再经过肘而至手指；下肢则由胯经过膝关节而至足趾，皆与头面之筋脉相通连。它们的功能是在神经的指挥下可使关节运动，强壮有力，是和肌肉不可分离的同一体系。

关于经脉，气的运行道路就是经络与血脉。血液是流动于脉内的一种精微物质，气是顺着经络，沿血脉运行的一种气机活动，因此气行于脉外，血行于脉中，这也就是气循血而行。血者，比如是水，脉就比如是川渠，血流必然要入于脉。血液的流动实际是发源于心，气机鼓动心脏使血液运动，也可以说血由气而行。无论是气循血行，还是血由气行，都说明了它们既有各自的属性，又具有共通、统一的功能，气血随时来回周流全身经脉，昼夜循环，有序不紊，不可有无，不可分离。中医学称之为：气为血之帅，能生血，行血；血为气之母，能充分供应气的所需营养。二者关系密切，相互依存，相辅相成。

气血相送歌：

气随血来血随气，气血相随自然宜；

同心合意齐出入，体态魂魄有灵机。

二、浑元一气功的练法

1. 浑元一气功的概念

气功的理论大都是根据道家思想的哲学观点为其理论基础的，天人合一观是其主体思想。道家鼻祖——老子认为，天、地不分谓之“道”，道中蕴含着一种变化因素向相对的两面转化，就形成了阴、阳，阴阳的相互依存转化，就生成了自然界的各种物类。老子把这些自然看作是从无到有的造化，总结为“道生一、一生二、二生三、三生万物”。但是道家又把人的最高修养境界说成是还归到虚无混沌的原始自然状态，所以就又认为，按照自然变化规律发展，就生成了天地万物，向相反的方向发展，求得了归本，就可以得道成仙。其实这个“得道”应该理解为懂得了其中道理和掌握了办法、门道、窍门。身体功能和生命期限超过了一般常人的，即所谓“仙”。“顺则生人生物，逆则成仙”，并且还提出了“返者道之验”的主张，由此，内丹（内功）学根据这个“返”字的道理具体指导了归三（精、气、神）为二（神、气），归二为一（金丹、内丹）的做法。由上所述的这些论据，就给了历代练功者有可凭的“道生一”所致的“浑元一气”之概念。其实，这些应该说是古代人对理论的含糊和盲目依从的一种表现。

时代前进和事物的不断改变，也相应地使人的观念有了改变。本书中的浑元一气是以人体的一切机能为基础，经过锻炼达到了一种境界。浑元，指的就是把人体的内外、上下拟为浑然一体，没有上不能下，没有内不能外，也没有左不能右或右不能左的牵拉、抑遏。一气，也就是人体中先天和后天素质相合的统一气机活动。总起来说，浑元一气就是意识思维活动与以气能调动的一切机能活动合为一体，以意引导，发于中宫，达于四梢的有序循环运动。

经过了一番认识，浑元一气已有梗概，它既不是纯粹的肺脏功能呼吸交换的空气，也不是漫无适从、任其游弋的自然气机，而是意不外散，精神特别集中，是受着中枢神经的指挥，依附着呼吸，有规律、有节奏的气机所产生的功能运动。

2. 练功时间

"每晨寅、卯时为之"。即是每天早晨的 5 ～ 7 时（或 3 ～ 5 时），宜选择空气清新、没有外界干扰的地方进行练功，初练者，可在晚间 9 时以后再练一次，这样效果会更好，既能巩固前者，又能有所提高。

气功是前人创造的，时间的选择也是他们的体验总结的认识，由于当时的社会和科学条件，他们不可能有其他的认识方法。很可能是觉得一夜的睡眠使体能得到恢复、蓄养，这时的体力旺盛、精神的充沛程度都达到了最佳时段，或者是认为一天新的活动将要开始，这个时候是潜意识的预备和过渡时段。总之，这个时间的选择一定有其道理。

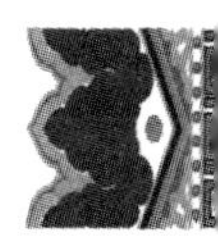

3. 练功的四个阶段

（1）调整呼吸

气功是依附着呼吸节律的一种潜意识活动。肺脏的收缩、扩张，对胸腹内的其他器官也起着相应的运动锻炼作用，为了让呼吸适应

练功的需要，所以就要把呼吸调整为悠、缓、深、长的程度。练功时面向东方，两脚分开站立，宽为本人的肩外缘（与肩同宽，或宽于肩），脚尖微向里扣，两手自然下垂于两大腿外侧，头、颈、腰背要正直，两眼微闭，舌头抵住上腭，牙齿轻扣，嘴唇自然闭拢，用鼻进行吸气、呼气。

吸气和呼气时都要有意进行控制，使其吸和呼都要悠悠不断，缓缓吸入与呼出。

吸气时，胸腹须随着空气的吸入，以及肺的不断扩张，使之逐渐鼓胀，以便加深吸气的程度，延长吸入的时间，增加肺的容纳量以至吸到最大限度。

呼气时，胸腹须随着空气悠缓的呼出而慢慢收缩，以延长呼出时间，要使其和吸气的时间基本同等。待呼尽后再吸，再呼，反复练习。

这个阶段的练习主要是改变一般人的呼吸频率，使其能够达到适应于练功的需要，由正常人的每分钟呼吸十几次，逐渐减少到2~3次为最佳（一吸一呼为1次）。练习的时间可长可短，每次10分钟或20分钟都可以，再长些时间也行，最好每次能练半小时，这应根据个人的具体情况而定。

在这一阶段里，一般每个练功者都会出现胸腔胀闷的不舒服的感觉，其实这不是什么毛病偏差，而是因为练功是要改变原来身体的自然状态，这一阶段主要是为了改变肺功能。在这一阶段的适应过程中，就会出现这种现象，待坚持一段时间后，这种感觉就会自然消失了。

（2）气沉丹田

经过上一个阶段的练习，呼吸功能得到了调理，具备了练功时间的基本要求——深长呼吸。气沉丹田是要让吸气时由上段的胸腹鼓胀，改变成为小腹鼓胀。吸气时有意让小腹鼓胀，就是为了使小腹扩张和收缩的程度加强，以便有利于五脏六腑的上下运动。吸气时小腹鼓胀，脏腑向下运动，意识的感觉是气息也慢慢地沉向脐下的丹田部位。呼气时，小腹慢慢收缩，脏腑随着逐渐地恢复到自然位置。小腹的鼓胀、收缩，脏腑的上下运动，都要让其慢慢既有节奏又有规律性，绝不可以强行用力，莽撞从事。如用力过度，胸腹易出现疼痛症状，虽然在停止一段时间的练功以后可自然消失，但是已经耽误了练功的时间，也太可惜。

待气息能随着吸气有了明显的意识感觉，沉入了丹田，让小腹继续保持鼓胀状态，以稳固气息在丹田的停留时间，3~4 秒后再随呼气收缩，这样也就达到了练功要求的目标了。

（3）小周天

气功中所讲的周天，是指气息在人体中按照其运行路线进行的循环运动，小周天是吸入的清气直入气海（脐下三寸为丹田，即气海），过会阴（位置在肛门前），透尾闾（即尾巴骨处的长强穴），上升督脉，沿督脉升至头顶百会穴，再从两耳之前分道而下，以舌接引下降任脉，经膻中穴、中脘穴，沉入小腹丹田，循环一周。小周天也就是气息贯通了任、督二脉。在这一阶段的练习中，呼吸改变为逆式呼吸法，吸气时舌抵上腭，小腹渐渐收缩，会阴穴、长强穴随之上

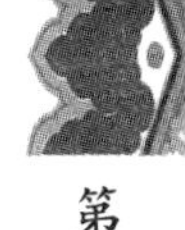

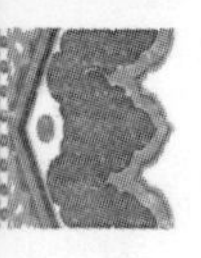

提，用意念引导着气息从尾闾处顺脊骨渐渐上升至头顶百会穴，这个时候的头、项要正直，有一直上顶的感觉，气息像冲破头顶继续上升一样。

人的神经系统中的触觉神经，是末端神经，它的感觉很灵敏，如热、冷、痛、痒等，稍有症候马上就有反应。气功练习中的周天运行，是气发自丹田、过会阴、透尾闾，上升督脉至头顶百会，就是缘着中枢神经末端向大脑方向运行传导，由灵敏的末端产生感觉。经过练习形成习惯，每当气息循环上升时中枢神经就处在极佳兴奋状态中，听觉、触觉都非常敏感，即所说的“一羽不可加，蝇虫不能落”。在这种气息运行传导的情况下，皮下神经受到激发，有如惊恐时的毛发欲竖的感觉，以致成为实际的“毛发竖立”。呼气时，气息自百会穴处分道于两耳前侧，下降到上腭处，由舌接引，舌尖换抵下腭，接通任脉，继而下降聚于膻中，经中脘，过肚脐，沉入丹田，小腹随之鼓胀，达到了气息循环一小周天。气息团聚下降沉入丹田时，推动了胸腹内的各器官进行蠕动，肚子里会发出咕噜的响声，前后的气息现象明显，也就说明小周天已经贯通了。

（4）大周天

经过了调整呼吸、气沉丹田和小周天几个阶段的练习，已经有了较为牢固的基础，气息能在意识的引导下，有了一定的运动规律和明显的运动现象（如肌肉的蠕动）。这一阶段的练习是要使气随着意念让其向两手、两脚运达。

大周天具体练法和小周天一样，呼吸还是用逆式呼吸法，当提气沿着督脉上升到大椎穴处时（大椎穴位于背脊第三椎），即使其分向两膀、肩、臂膊，直达手指，这时的气机运行路线为臂膊外侧的手三阳经。待气运行达于手指尖后，稍微停留一下，则再让其从手心处沿着臂膊内侧的手三阴经向膻中穴处会聚，然后下降沉入丹田，此时的小腹鼓胀要继续保持这种状态，两胯放松，臀有向下坐的意念感觉，气即由丹田分向两胯，顺两腿外侧的足三阳经向下行至脚心涌泉穴。这时候须做一次自然呼吸以调剂一下肺脏的功能，让运行中的气机保持有一直下行的感觉。然后又吸气，提肛部，使气由脚心沿两腿内侧的足三阴经上升于会阴穴，再过尾闾，上升督脉进行循环。

浑元一气功的气机运行路线是依据中医学理论的经脉起、止方向路线运行的，任脉起自下口唇的承浆穴下行，经胸腹中间至会阴穴。督脉起自长强穴，过尾闾上行沿背脊正中至头顶百会穴从耳前下行到上口唇的人中穴。手三阳经（手阳明大肠、手太阳小肠、手少阳三焦）都是由肩膀处行向手指。手三阴经（手太阴肺、手少阴心、手厥阴心包）都是由手指行向肩前入胸腔。足三阳经（足阳明胃、足太阳膀胱、足少阳胆）是经胯沿腿外侧行向足趾。足三阴经（足太阴脾、少阴肾、厥阴肝）均是从足趾上行经腿内侧入腹归脏。最上部的头和下面的脚是阴阳转接的两端，丹田为阴阳转换的枢纽。所述这些是让练功者明了气机在人体中阴阳转接运行的起止，流注于经脉循环，对于能否练成功也是至关重要的。

每日练功的时间，可以根据个人的具体情况来决定，一般是要求练30分钟，如有其他什么原因，时间适当短些也行，延长些时间也可以。

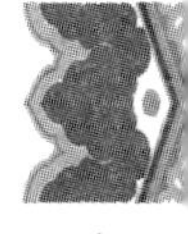

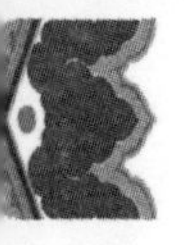

在结束练功时，气息沉入丹田后就不再运行，保持了真气归元，慢慢缓解练功状态，身体形状也恢复于正常。

4．浑元一气功动作名称歌诀

浑元起势当为先，阴阳两手须转换；

左右黄龙把爪探，犀牛摆头步登山；

地下要取长命宝，抱拳桩步沉丹田；

大鹏凌空把翅展，熊罴稳站力量添；

两手平托海底气，周注四梢又归元；

迎面向前推双掌，握拳高举如擎天；

胸前相交功已备，意气血力皆具全；

阴阳开势二次见，一气归真须久练。

赞曰：

浑元一气世间稀，古人研练称神奇；

内练六腑和五脏，运动健康有生机；

经络血脉骨肉皮，持久功深毛竖立；

武用周身气力聚，养生悠然寿延续；

调理身心无价宝，诸君莫把作儿戏。

5．浑元一气功动作图解

预备势：面向东方，自然站立，做深呼吸3次。

吸气时用鼻缓缓吸入，至肺的最大容量，吸至不能继续再吸时，口微开，慢慢向外呼气，如此3次，使肺的空气交换程度加强，吐出肺内浊气。（图1）

图 1

图 2

（1）浑元势

深呼吸3次后，稍事停息一下，左脚轻松地向左侧跨出一大步，然后两眼微闭，舌抵上腭，凝神静气，周身放松，两手在两大腿外侧翻转至手心向外。两手从两侧向上托起，手心向上，至于头顶上方合掌，掌心向对并拢，同时吸气，慢慢向下降之胸前，两腿屈膝不动，心境平和镇静。

两手向外向下划弧分开，左手向左侧肋间抱拳，右手向右侧肋间抱拳，同时呼气，待两拳分抱于两肋间时，气也呼尽，此时小腹鼓起，丹田充实，以待发行。（图 2 ~图6）

图 3

图 4

图 5

图 6

（2）阴阳转换

接上动作，两腿仍然屈膝不动，左拳抱于左侧肋间不动。右手握拳上举至与右肩平处变掌，掌心向下，缓慢向前伸出，同时吸气。

待手臂伸直，气已吸满，稍闭气（不吸不呼），掌由掌心向下缓慢翻转为掌心向上，然后握拳，拳心向上，慢慢向肋间收回，同时呼气。

当拳收回于肋间时，气亦呼尽，再出左手，与右手式相同。（图7～图13）

图 7

图 8

图 9

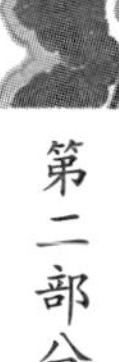

图 10

图 11

图 12

图 13

（3）黄龙探爪

接上动作，身体向左转90度，变为左弓步，右拳上举至右肩平处变掌，掌心向下向前伸出，同时吸气。身体转动，右手前伸，都要随吸气缓慢进行。（图14、图15）

图 14

图 15

待手臂伸直，气已吸满，右手翻为掌心向上变握拳，拳心向上，慢慢向肋间收回，同时呼气，身体随呼气右转90度，两腿屈膝，恢复原来高马步姿势。（图16、图17）

动作同上，方向相反，重复一遍上一动作为右探爪势。（图18～图20）

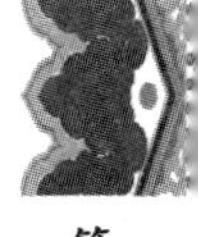

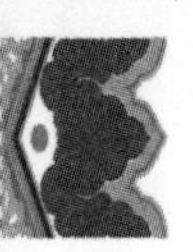

图 16

图 17

图 18

图 19

图 20

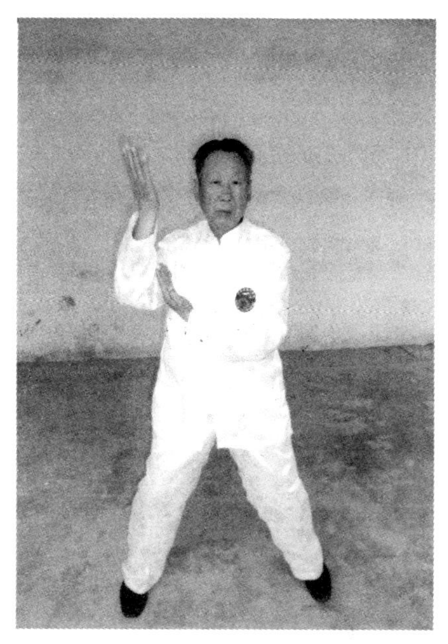

图 21

（4）犀牛摆头

右拳变掌，掌指向上掌心向左，向上举至右鬓处，左拳亦变掌，掌心向左，同时斜向右上方举至右臂肘弯处。（图21）

接上动作，左掌向外翻转至掌心向外，由右肩处经胸前向左平掠，身体也随着左转，同时吸气。（图22）

接上动作，身体左转90度，左腿屈膝，右腿蹬直，成左弓步，左掌继续平掠180度，变拳抱于左肋间，待动作停止后呼气。（图23）

右掌由右鬓处经胸前向左膝内侧下按，掌心向下，上体稍前倾，同时吸气。（图24）

当右掌下按至左膝内侧时，即停止，不再下按，然后右掌旋转成掌心向外，掌指向下，呼气。（图25）

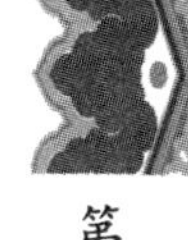

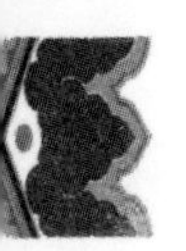

图 22

图 23

图 24

图 25

接上动作，右掌由左膝内侧向上提起，向上至左肩前变握拳，同时身体右转45度，吸气。（图26）

接上动作，右拳经胸前向右肋间收回抱拳，身体随着右拳的收回右转45度，两腿屈膝成马步，然后呼气。（图27）

图 26

图 27

从图21至图27为左摆头，整个动作方向相反地重复一遍为右摆头。（图28～图33）

（5）大鹏展翅

两拳由两肋间上举至胸前，屈肘与肩平，两拳向内旋转成拳心向下，两拳面相对。（图34）

图 28

图 29

图 30

图 31

图 32

图 33

图 34

图 35

接上动作，两肘微向后张，两拳向左、右两侧分开，待两拳分至两肩处变掌，掌心向下，缓慢向两侧平直伸展，同时吸气。（图35、图36）

由上动作，两臂肘、腕微屈，向胸前并拢至与肩同宽，两掌心向下，两肩、肘下沉，其势像熊站立，同时呼气。（图37）

图 36

图 37

（6）平托海底

由上一动作，上体稍前倾，两掌由胸前向下按落至两膝内侧，两掌变掌心向上，掌指相对，两手臂像抱一个大的球状物，成圆弧形。

两手向上平托至胸前膻中穴处，两肘屈曲，臂与肩平，同时吸气。（图38、图39）

图 38

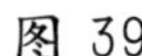

图 39

（7）抱归丹田

接上动作，两手腕外旋，两掌心向外，两臂稍向外伸，由胸前向左右两侧平掠，两臂伸直后变握拳，然后还抱于两侧腰肋间，同时呼气。（图40～图42）

图 40

（8）迎面双掌

两拳由左右两肋处上举至胸前，手腕外旋至手心向外时变掌，掌指向上，向前缓缓平直推出，同时吸气。（图43、图44）

图 41

图 42

图 43

图 44

当两掌推出，两臂伸直后，手腕内旋，手心向上，变握拳收回，抱于两侧腰肋间，同时呼气。（图45、图46）

图 45

图 46

（9）高举擎天

两拳由两侧腰间上举至两肩前，与肩平，两拳转成拳心相对，经由两鬓同时上举至两臂伸直，同时吸气。（图47、图48）

两拳由头两侧上方向下落至胸前，两手腕成交叉状，左上右下，然后外旋变掌，掌心向下，向两侧划掠至腰肋间变拳抱于两侧，同时呼气。（图49~图52）

图 47

图 48

图 49

图 50

图 51

图 52

（10）阴阳再现

右手由右肋间上举至右肩前，外旋成拳心向下，向前平直伸出，臂伸直后变掌，掌心向下，同时吸气。（图53、图54）

手腕翻转成掌心向上，变握拳，拳心向上，缓慢收抱于右腰间，同时呼气。（图55）

左手与右手动作一样，重复一遍为左势。（图56～图58）

图 53

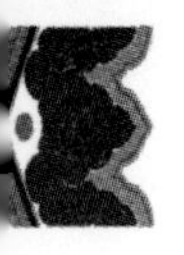

图 54

图 55

图 56

图 57

图 58

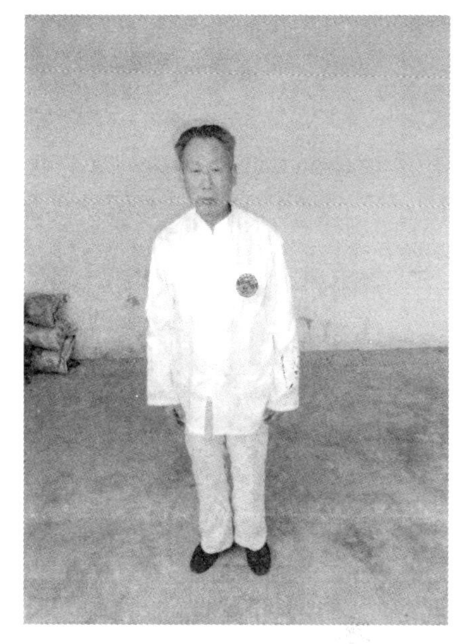

图 59

全套功法动作练完后，身体缓缓直立，两手松开，自然下垂。两腿并拢站立，还原为立正式为收式。（图59）

三、浑元一气功的行功运气有关理论

1．阴阳、五行说

（1）阴阳

中国古代先人的智能是相当高的，认识也有卓越的见解，儿千年前就以唯物科学观对事物现象和本质的认识与其变化规律进行了正确的哲理论述，使得整个的宇宙观念就以相对的“阴阳”来概括，阴阳也就成为代表一切物体变化的依存因素的根据。

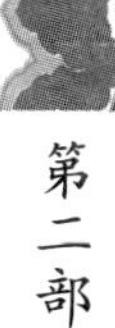

所谓阴阳，是古人对自然事物认识的辩证观点，任何事物都存在着相对变化因素，如天的阴晴、明暗、寒暑。阴阳观，是对一切具体事物起着决定性的认识理念，所以人的生死及强弱，也就自然成为这样认识中的一个方面。

无阴不生，无阳不生，阴阳合乃生，这就是阴阳的统一。它的变化是由一面向其相反一面转化，这就成了在统一体中的对立。我们在浑元一气功论述中讲的阴阳，是前人用这种概念及认识作为功夫中的理论指导，所以我们也就按其习惯了的说法来讲，实际这些变化就是人体运动规律和相对活动形式的表现，如动静、升降、虚实等；简而言之，天地自然不能无阴阳，人体生命也不能无阴阳，武术运动中有千变万化的动作，更是阴阳相对变化的表现，这就形成了天、人、术的整体阴阳观。阴的转化由阳接替，阳的转变由阴来接续，互相转化，互相辅助，循环变化并得以提高。人的意念、气息、形体能够完全统一起来，是技艺的关键所在，因此，在一个整体中的阴阳随时变化，又是可以预料的，看是阴而有阳，看是阳而有阴，这样奇妙的转接变化，还是需要用心体会和掌握的。

大自然的天地之阴阳，互相汇合能产生风、雨、雷、电、光、暗，能生万物，长万物。拳术中人体的阴阳和技术概念的阴阳相合，可形成一气，这个一气可解释为气势、气息、气力，也只有这个气，才可使技术得以发挥到极限地步，也就是其理想的境界。

练习气功，也就需要先了解气的基本功能概念。气，就是人体所需要的空气，是构成人体生命的最基本物质，有气则生，无气即死。气功就是呼吸功能进行空气出入交换、循环规律的体现。古代的唯物辩证观点就是宇宙间一切事物的变化规律，有两个基本条件，就是自身和外界，也就是两个大的自然面。当一事物的发展过程在另一方面的影响下，发展到一定程度后，就又向其原始一面转化（物极必反），这样形成了循环规律，也是事物的普遍性规律。这两个面就用“阴阳”二字来概括并进行论述。气功中气息运行就是依附这种观点作为指导，以使其得到发展，于是在无数次的循环过程中，循环基础有了改变。

人身本来是一个整体，气在人体中按照一定的循环路线运行，其上升与下降，又分别为前、后两面，身体的最高的头部和最低的脚下，以及左右，就成了两个相对的面，寓一而有二。整体里出现了阴阳两面，互相转化，由阳转化为阴，又由阴继而转化为阳，周而复始，循环无穷，浑然一体，又可说是合二为一也。

浑元一气功所讲的“阴阳”就是气息在人体中运行时，循环转化、接替的两个面。人体是不能没有动静的，动到极点则必以静处，静极则必反还以动，动就是阳，静就是阴。气的呼吸，呼为阳，吸为阴，气升为阳，气降为阴。

督脉行于脊背之当中，以人之脉络论之，它是周流诸阳之分，为阳脉之海，所以背为其阳。

任脉行于胸腹之当中，为人身阴脉之总会，是诸阴脉之海，故此腹为其阴。

头为诸阳之首，统领一身之气，阴气沿督脉自下而上，升至头顶，这个过程叫作阴转阳，由舌头接引（称过桥）阳气顺任脉从上向下运行，为阳转阴。气息在人体中运行，头这个部位确为阴阳互相转

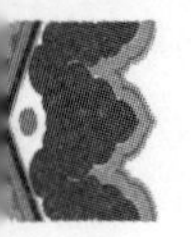

化接替的关键所在，阴阳转接，不停止地循环，使气达到圆满充盈状态，周身内外、上下、四肢百骸，各个部位都能运行得到，才能称得上是全功，也就是浑元之气。

歌曰：

阴转阳来阳转阴，阴阳相转互为根；

欲知阴阳转接处，还向阴阳转中寻。

（2）五行

五行也是中国古代哲学思想的一种认识观点，一切事物的变化、互助、依存，以及相互制约的属性关系，都用五行学说来概括。武术和气功都是以人体机能变化为基础的，所以把人体机能变化的互助关系用五行来形容也就是很自然的了，也是让人便于认识、理解的一种很有效的方法。人的体位、器官、脏腑都按五行学说的属性表示，有利于理解其功能的技术表现与作用。

五行就是水、木、火、土、金。它们的属性关系是水生木，木生火，火生土，土生金，金生水，这就是五行的互生关系。金能克木，木能克土，土能克水，水能克火，火能克金，这些又是其相互的抑制关系。

人体脏腑的属性就是肾属水，肝属木，心属火，脾属土，肺属金，此为之内五行。外应其通之窍：心通于舌，肝通于目，脾通于口唇，肺通于鼻，肾通于耳，此为其外五行。手的变化也是技术的体现，故而手亦有被列于五行之说，手有五指，并有长短之分，各自也均有所属。中指长，属火；小指短，属水；食指属木；无名指属金；大拇指属土。总的来说，内五行随意念而动，外五行要随其意动而动，能互为牵拉、催促，能合聚为一体，这样一来，人体功能就可以得到极限发挥了。

歌曰：

脏动犹是炮中火，手出好似箭离弓，

面上发动要色变，五行相催无错误。

2.动静、虚实说

（1）动静

我们所要讲的气功和武术有密切的连带关系，都是以人体而论的，人体具有极其活跃的生命力，特别是内在的活动，如呼吸、血液循环、代谢功能，都是分秒也不停止的。所谓的动静，是主观意识的指导及形体的运动表现。各拳派都有其对动静概念的认识，太极拳讲的是“动静之机，阴阳之母，动之则分，静之则合”。这是理性认识指导运动的动静变化，还有开合、收纵、俱静、俱动等。其关键的动静变化还在于“静中犹动动犹静，因敌变化示神奇”。这是主观的动静和客观的动静之精确要点。少林拳中要求的是“动如涛，静如岳”，动如波涛汹涌，势不可挡，静如山岳，巍然屹立不动。

总的来说，动者，是意识和身体各部形态、体能统一发挥所要起的和能起到的作用。静者，浑然凝聚，止而不发也。若要详细地来讲何为其静，是不显露我所藏之机，这个机是指主观的能力主导、要领的掌握、目的的实施、客观的机会（时间、条件）。其动，是使其不能见我所出之形迹也，迅猛异常，难料难防，其中也包括目的和方法。真正的动静，是在蓄而未蓄之际，发而未发之时，在一种相对的状态中，才可说是其动或静也。

（2）虚实

虚者，势之无力，其力抽回而蓄之，力不至则气亦不催，气归丹田以待机，丹田之气机，灵敏莫测，意念一动即发也。

实者，为有力也，其力迅速到达而以气进行催发，精神振奋，力量充足，坚刚莫敌。气力发至终点亦即收回归于原处，以便于等待着再次发放。一虚一实互为运用，无有尽头，学者须当悉心体验。

3．无形有形说

（1）由无形到有形

气功之气是遵循着呼吸的深长节律和频率，随着意识，顺经络在人体内的运行，能产生某种效果感觉，可使精力充沛，体质健壮，以及祛病防病，延缓衰老，还可在武术运动中，表现出迅疾和雄壮。经过了长期的实践验证，这些的确不是虚夸妄谈，但是在功夫初练的时候，并不是说有就有的实际物质，而只是精神向往的一种概念，是一种不具形状的想象，也就是气功中所说的意念。

在按照方法、步骤要求的情况下，经过几个阶段的练习，渐渐形成了规律，用意识指导着，逐步地就产生出一种感觉，在这样的基础上，再继续进一步地巩固和提高，在人体的某一些部位就出现了一种真实的运动现象。比如肌肉的蠕动、毛发的竖立，眼睛可清楚地看得到，用手也可以触摸到；腹腔内各脏腑在气息运行的推动下，进行蠕动，并且能发出响声，可以清晰地听到，这就成了有形的存在。

（2）由不自然到自然

在气功的练习过程中，虽按其方法、步骤和要求，能认真地坚持练习，偶尔有了意识中的某种感觉，但是不能牢固地保持下来，因此还要再经过多次的反复练习，才能又出现自己所体验出的那种感觉，甚至还会有反复。要想随心所欲地恰当掌握，可不是那么容易的事，这也就是所说的“不自然”。在这样的关键时候，必须坚定意志，增强信心，持之以恒地锻炼，还必须以正确的方法、步骤，使其规律的感觉逐步加强，直到形成明显的运动现象，才能渐渐地成为自然。

经过诸段的练习，不但气功的基础已经坚实，并且也已经达到了一定高深的程度，能在意念的引导下，使体内的一种运动现象（气功所讲的气息）随意升降循环，达到一个与平常的自然有所不同的、一个更新的自然状态，能够随心所欲，可让气息无拘无束地运行。

4．三害解

对于刚开始学习功法技术的初学练功者，必须了解不利于练功的三点事项，功法中称其为“三害”。如果不了解或弄不明白这三个要点，盲目地去练，那么就有可能对自己的身体功能有所伤害；只有明白了它的道理，掌握好要领，遵循顺序，认真地加以练习，自然地就能体会到其中的奥妙了。

那么三害是什么呢？就是一为拙力，二是努力，三是挺胸提腹。

拙力就是僵劲，又死又硬，造成运动迟缓，如果出现了拙力，那么周身和四肢的各骨骼关节强直，以至于阻碍血脉不能顺利流通，经络也不能得到舒畅，全身拘紧呆板，手脚不能灵敏活泼地变化。这种拙力所产生的拙气停留于身体的任何部位，就会使其受到影响，就不能按技术的要求达到其技术标准，这也是练功中的一大弊病。

努力，就是闭气鼓劲，勉强一时，不能持久。这样整个胸腔胀满，肺受拥挤不能正常地呼吸和供氧，会对肺功能产生不良的反应，如懑闷、疼痛等症。

挺胸提腹，力向上用，脏腑上涌，气向上行，气息不能顺畅循环运行，上浮着不能回归于丹田部位，身体上下不能适中，不能恰当掌握平衡，脚下无根如水中之萍草飘摇，如是这样也就达不到身体中正稳固的要求，阻碍了练功。

以上所讲的三害，练功者需要谨慎对待，力求避免发生这样的偏差。应该使其力活而气顺，虚心胸、实肚腹，锻炼时须遵照这样的要领标准坚持下去，就可以达到出神入化的境界。

5．四梢变态论

人的身上有血、肉、筋、骨，它们的最末端就叫作梢。血梢为发，肉梢为舌，筋梢是指和趾，骨梢是牙。技术中为什么要讲四梢和要求齐四梢，就是四梢同时发挥各自的功能才能够使人体生发气机。只有一气的形成，才能使气催发力量，又可使气力通达于四梢。血、肉、筋、骨是人体结构必须具备的，又是能量供应和产生的基本素质，在四梢同时发挥作用时，则可改人之正常姿态和气势，能产生一种威慑气度，令人惊恐、畏惧。

（1）血梢

怒气填胸，发竖冲冠，血轮速转，
面颜色变，通透毛发，力量增添。

（2）肉梢

舌引气降，身重如山，肉坚似铁，
精神勇敢，舌之奇绝，迫敌丧胆。

（3）筋梢

虎威鹰猛，以爪为锋，手攫足踢，

兼备气力，指趾之利，便可擒敌。

（4）骨梢

有勇在骨，切齿怒发，凶猛将扑，

眦裂目突，唯齿之功，令人恍惚。

6．面部五行

怒动肝来声动心，鼻纵气促发肺金，

口唇开合振脾气，耳拎目突肾中寻。

脏腑和肢节之症候都能从面部表情反映出来，当人体受到条件的影响是必然要起变化的，中医学用五行观点对人的生理表达叙述得非常贴切，所以武术界也就把此论述观点引申到武术理论中来。人身五行还有内、外之分别，内五行为心肝脾肺肾，外五行为耳目口鼻舌，五行之气内合五脏，外通七窍，即肝脏五行属木，通窍于目，心脏为火，通窍于舌，脾脏为土，通窍于口唇，肺脏属金，通窍于鼻，肾脏属水，通窍于耳，尤其眼神是五行最精华的表现。

人体的运动，其势不外乎一屈一伸，气也不外乎一收一放，屈伸为其外象，收放为其内象。面部五行之象，就能证实内、外的一致与否，只有内外相合，才可使气息充足，力量坚实。

收束的时候，气由肢节向内收敛于中宫，面部五行之象就呈现出眉皱、鼻纵、嘴唇闭合，气必然要吸，发声沉闷，此就为内气收而外象聚。

展放的时候，气自中宫向肢节催发，面部五行就现出了眉必舒、鼻必振、口唇必开、气必呼，其声音大而响，有震惊之威，此即为内气放而外象开。

内气必随其外，外形也必须要合其内，能够结成一团，要来就来得迅速，若去也就去得疾快，练习之时，先轻后重，渐渐引导，内五行的机能运动达于其通窍之外五行时，可使面部表现突出，具有特殊气色。如果不去透彻领悟其中正确道理和体验真实的表现，只是胡乱做出些怪模怪样，这就不能称为是技术的修养之士了。

7. 纳气变色论

气功的练习，练到高深运化之时，真元之气充足，可使气聚血凝，自内而能达于外表，能使形体强壮，力量充实，统身浑然一体，聚结成一块，无可破解。

天下众人，其素质秉赋（先天和后天素质）基本一样，而练功习技者能够得到练功效果给予的身体状况，有殊于一般常人（以后天之功效，可补先天之不足）。另外，还有的就是因为各人所具备的五行（水、木、火、土、金、）、五形（即体形、面形之尖削、秀美、短厚、端佳、脆润）、五性（喜、怒、瘀、悲、恐）、五色（赤、青、黄、白、黑）有所不同。

秉火气而生的人，其形尖而削，其性多喜乐，其色为赤。

秉木气而生的人，其形秀美而长，其性则多怒，其色为青。

秉土气而生的人，其形短而厚，其性多瘀，其色为黄。

秉金气而生的人，其形端佳而白，其性多悲，其色为白。

秉水气而生的人，其形脆而润，其性多恐，其色为黑。

当练气练到最高境界，无可增加，再也没有明显提高的可能地步，才能称得上是功成圆满，一元归真，气能收能放，血能够凝聚，能运行于肌肉、皮肤，能贴紧骨骼，此为五行具备。当五行真气尽现于外表的时候，也就各随其所秉之色呈现出来，即有黑、白、黄、赤、青五种颜色。这就是变颜变色，并不是故意做出的怪相以吓唬人。

8. 行气论

任其周身气走遍，此有彼无是天然，

直变横来横变直，一气催二二催三；

凭其滑快归远路，守我安逸自沾连，

若问此是何妙诀，只在行气一动间。

行气歌中所说的是气息能运行到周身各个部位，但是气只能运至某处才能使其充实，其他地方还是空虚的，虽说气催力发可接二连三，可它们又有直劲和横劲的区别，有横就不会有直，有直也就必然地不会有横。不管气息运行于哪个部位，必须头脑清醒，镇定自若，把握发气时机。这就是行气、交手认路的巧妙方法。当手出时，力量集于一点一面，不能四方同时着力，这个自然道理是应该懂得的，只有心中明白事理的必然性，心有主见，才能思虑缜密，采取一定的策略以应付一切变故。若遇对手相搏，须观其力如何出，直出者就无横力，我当以横截其直，横出者就无直力。我当以直截其横，上出者无下力，当从其下而挑之，下劈者无上力。当从其上而劈之，至于其他的斜正、屈伸也都是一样的道理，这就是捣虚之法，也叫作攻其不备。一旦我之手已出去，对方也用此法应付，我手不必回来，只须二次发气催力以打之；如果对方再有变化，我则须抽回手来，恃机再打，这属于埋伏之法，亦为出其不意也。但是，必须掌握行气的要领，才能够运用。如果遇上对方气力刚发，还没有发至尽处，还没有停止发气，我便可伺机掌握其可乘之处，这样就可以左右逢源，占其优势。这种机会是在很短的时间中出现的，所以彼动，我即动，不能等到他发力，如果对方手已出、气已发、势已定，而我手再出时，已晚了许多，就等于给了对方以可乘之机，这个关键时刻是不容有丝毫

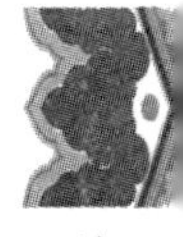

疏忽的，习练技艺的人，切宜留心体察才是。

9. 过气论

这里所讲的过气，是气在人体中的转换、交接，互相替代的循环运动。人体的背脊（从下起自尾闾穴，上至头顶百会穴）部是被称作阳的一面，稍有向前倾俯的意念，背就有上下拉开的感觉，这样就便于气息沿督脉上升交接任脉，气功中称之为“过阳入阴”，是阳与阴的相合。胸腹（上从百会接通承浆，下至会阴穴）是被称作阴的一面，有意地头向上顶，胸稍挺直，胸腹的感觉顺畅，以利于气息下降入于丹田，这就是沿任脉下降交督脉，被称为“过阴入阳”，是阴到止处又与阳的相合。阴向阳转，阳亦向阴转，互为依托，互相催促，循环着没有尽头。如果稍有偏注于一端（或阴或阳），就要出现不是前倾便是后仰的姿态，也就不可能保持身体的中正平衡，练功时必须注意避免这样的情况发生。

阳升是由阴从下向上送达，阴降则是阳从上向下推进，不可有些许偏颇，既不能超过应到之位，又不能达不到，是无过又无不及。阴、阳运行都是需要到达该到的地方，就是阴转阳或阳转阴，这也叫作“落点还原”，也说是“停”为相互均衡的意思。用这样的练习方法，可以让屈式还原为伸，伸式还之以屈，高还以低，低还以高，侧者还以正，正者还以侧，以及歪斜、旋转、往来者，无不还原于相对的式法中。各式的练法，只要按照阴、阳互相变换的规律，自然就能产生得心应手、巧妙变化的效果。由气之源头而通达于四梢，就像通行的道路一样，一定要使其没有壅塞停滞，互不牵拉阻碍，才能够来去流畅顺利，快捷方便得不可想象。若是气在下面须使入于上者，就莫牵其下，气在上而欲入于下者，就别使其滞留在上，若在后欲入于前者，顺其后而前自入，在前欲入后者，理其前而后自去，向左向右，只要稍加注意便可达到。手向上冲的时候，肩膀不能下垂，要使气能得其帮助而自然上升，手向下栽时，不可跷其脚，防止发生既下又上的矛盾现象，致使气有上顶的偏差。两手左右平分摆动时，胸部需要稍挺，展开，使气顺势上升而向后入去；合抱势，背必开，不开则气不得向前面能裹而出也。如果是向上直起的势法，必须纵其脚；直落的势法，必须缩其颈，势势皆然，招招如此。总的来说，气的发起并不是来源于一处，而气之源头通顺，道路流畅，才可能为之随心所欲，为我所用。

10. 点气论

歌曰：

似梦地着惊，似悟道忽明，
似皮肤无意燃火星，似冷侵骨中打战悚，
想此情形快疾猛，原来是真气泓浓，
气发周身遍体充，震雷迅发火焰烘，
俗学不解玄中妙，丢却别寻不得醒。

以上所述其意是：好像噩梦中受到了惊吓，猛然地醒来；也好像是在思考一个问题突然明白了，无意中被火烧了皮肤般疾速躲避，受寒冷刺激打了个寒战。这些都是人的基本生理反应，表现出了人的潜在能力，练过功夫的人尤其明显，这也是平常的练习得到了启发和积

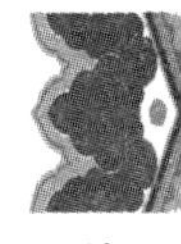

累起来的结果。

将全身之气尽皆聚集，运用于一处，就能产生坚硬刚强的力量，如果只是有一般身体素质的人遇到这种力量冲击，就很难与之抗衡了，因为这种特强的力度虽只挨着人的肌肤，而可行深于骨髓，能截断营气和卫气（营气是运行于脉中的精气，由水谷精微化生，营养周身，润泽筋骨皮毛。卫气是由肺脏宣发，行于脉外，抗御外邪，调节体温，为人体阳气的一部分），扰乱其中气；能隔断血脉之道路，使其不能流通；能壅塞气息之运转，使其不得接续。受到此力冲击之处，是没有不疼之理的，可以折骨、绝筋，毙性命于顷刻之间。由此看来，气在技艺中的作用确实是很大的。

通过学习以上的论述，使人明白了气的功用，但是，还必须得知道其聚集之法，只有知其法，才能用着得当，才能算是入于玄窍之门了。这个方法就是聚其中气使精神凝结，气要充足，像射箭要射中靶心一样，开弓弛张，箭杆要端直，簇羽要匀停，弓弦圆满，要有一箭射穿几个靶子的意念。关键还要看气之聚放灵与不灵，当气发之时，好像炮之燃火，箭之离弦，陡然而至。方可凑效。这些还得要身体力行，仔细验证，掌握。以上所说这些，切不可作为闲话来谈说。

11. 聚、衡、循环

阴阳交聚气力生，不偏不倚气均衡，

昼夜循环自有序，唯有和合一气通。

聚者，是在遇见敌人，还未交手之前应做的准备，须将阴阳之气聚于中宫，满腹坚硬如铁，一旦需要，突然怒目相视，身体颤抖震动，气力即刻发放，难以遏止。这就像领兵打仗一样，要和敌人布阵对垒，预先要把将士聚齐，周密布置，严明纪律号令，鼓励勇敢精神，以待敌至。这实际是周身一体，气力全倾，并不是空洞的虚壳、空架子。

衡者，就是均匀平等的意思，是在已经出了手的时候，其气催至落点，也就是手该到的位置，应该是不前不后，不偏不倚，阴阳聚合，相互均衡，不偏多，也不偏少。如果偏多，气催已过落点，对方就可乘机牵引，我就必然要倾跌；如果偏少，气又达不到力点，那也就无法起到效果了。

循环往复没有尽头，就是手出、气催，至落点之后，仍然还原，以待再发。如果达到力点后不能马上还原，是为散而不聚，若再出手时，就无气力了，没有气力也就没有效果。所以要求阴势出而为阳者，还要还原成阴，阳势出而为阴者必须还原为阳，这样就可以势成不散，衍生无穷，不管出多少次手，总是有气有力，不散，不败。在内气修炼的基础上，掌握呼吸之法，保持真气的往来复去不停循环，这样也就不必顾虑自己空虚无力了。

四、浑元一气功在武术中的作用

气功在中华大地上，自有记载已有几千年的历史，是中华民族历代人民在同自然的斗争中积累的宝贵健身经验，所以一直被人们誉为

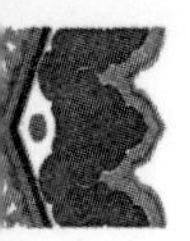

祛病强身、延年益寿的养生妙方。由于社会因素，人们处于对气功的一般性认识，又兼宗教思想的宣染，使气功趋于神秘化。其实它很早就已被武术界所接受，武功卓著的武术家，其智力也必然是超过一般常人的，他们以气功能够增强生命力，又能使体能超常发挥的这些功能，把其融合在武术技术中，其效果更为理想。无论哪个门派，都是很讲究气和力的关系的，就是气以意领，力以气催。

少林武术推崇达摩，是后人的附会，那么他的洗髓、易筋二经为其所创的说法也就不为确了。但是，可以肯定地说，在达摩以后的寺僧中，已有人把气功集于寺院进行传习、研练。宋、元之时的白玉峰就是一位精通气功的武技高手（入寺皈依佛门后，法号为秋月禅师）。总的来说，少林武术与气功的结合练习，年代已很久远是无疑的。

浑元一气功是少林武术中气功的一种功法。根据气功的“有气则生，无气则死，有气则有力，无气则无力”的论断阐述，推演融于武术的运用之中，这就必须有意、气、力具体动作配合的练习方法。“肺为气之府，气为力之君，肺强之人力则强，肺弱之人力则弱。故，少林拳有练呼吸之贵，以长呼短吸为之秘法，手冲出时须发声喊放”。这就是少林武术在演练过程中和气功配合的方法总结，既利用了人体在自然气机作用下的功能，又强调了练习呼吸的重要，还有“手出力亦出，力出气必呼”的呼吸方法。既然已经认识到肺脏呼吸与空气交换产生的物质功能，对人体能力的发挥起着关键作用，因此习武之人，为了让肺脏呼吸和运动姿势配合得当，并能互相适应，还必须得有一番调练。“手出而呼，手缩而吸”，手出时就是要有力，力量是在肌肉收缩的情况下产生的，人身整体用力时自然发出的“嘿”“嗨”“嗯”“咦”等声音的时候，肺也相应地紧缩是向外呼气的。手缩回不用力时，肌肉放松，肺脏扩张就是自然的吸气，这样的一弛一张，一呼一吸，进行功能循环，如能恰当掌握，就是时间较长的剧烈运动，也不至于气喘吁吁。气不乱喘，力量也就不会枯竭。

至于踢、打、摔、拿、闪、展、腾、跳、进、退、起、落、反、侧、收、纵等，不过是身体运动方法和姿势的相互改变而已。如果没有气机作为催力外放的基础，也就难以显示出动作的雄健、灵活，以及变化的巧妙程度来。

人的周身运动，就是气机的升降运行和阴阳转接的表现，就此分别来论述一下：

1.论头

头圆象天，为诸阳之合，为精髓之海，任、督二脉交会之处，统领一身之气，阴阳转换接替，互辅互助全在于此。此处合，一身之气俱合；此处不合，则一身之气俱失。故头要不偏不倚，不俯不仰，头正直，气上百会穴正头顶间，结聚为阳，无牵拉抑遏之阻碍，才能得以转接为阴。

头是在人身体的最上面，脑壳中的大脑是神经中枢传导的指挥机关，控制着一身的机能活动，任脉和督脉在头顶百会穴处进行转接，使周身前后、上下的气机，在意识的引导下顺利畅通。所以练功时头的姿势一定要正确，少林武术中要求为“头领肩砸”，太极拳为“虚

领顶劲”，都认为头在行功中是非常重要的。

歌曰：

头象天兮卦属乾，侧正俯仰自天然；

可阴可化阳皆从此，阴阳互辅非等闲。

2. 论身

身者，人之胸腹，为形体之主干，五脏六腑均在其胸腔、腹腔里面，生命赖以活动的气和血都是在胸腹内通过脏腑生化转变，输送循环。身是升降贯通的道路，是收放、聚散的枢纽。练至形体动、静和气血融合，能达成一致，就可以说是功夫成就到了圆满程度，方能达到出神入化的佳境。

人的整体可分为三大节，即手肘为梢节，胸腹为中节，脚与腿为根节。胸腹为身体的主要部位——中节，虽然是没有手的伸缩舞动，脚腿的纵跳、盘仆，但是，若不明了中节的生理功能，不掌握中节的各种功能变化，那么周身就无依无靠，无所适从，也就不可能谈什么练功夫了。

拳诀曰：“捶把若不知练气，纵有仙招不足恃”。如何练法，如何用法，不经一番讲究，不经一番磨炼，就必然要出现此前彼后、阴阳错乱、气不接续、刚柔违逆、牵上拉下的现象，如果有了这样的偏差情况，要想达到稳如泰山、捷若狡兔的技术程度是不可能的。

形以寓气，气以催形，形合者，气自畅利，气利畅，形自敏捷，必须两样具备才行。人体包容着气机，通过内在的气机活动，使人体表现出了雄健的运动形式，并且按照正确、合理的科学要领来锻炼，又能更加便利气机流通，身体也更加灵敏活泼。内外兼修，互相配合，心神合一，这就是锻炼的目的。

动静要互相变化，阴阳需要互相转接，柔可因为气机的流通充实而变为刚，刚因为气机循环转接又可以变为柔。这样的运动变化规律经过锻炼而加强，并按照变化的顺序，使上下之气不牵拉，前后之气无阻滞，在练习过程中注意体验变化感觉，掌握正确的练习要领，熟能生巧，这就是练好内功的根基。遵循着人体的自然反应，才是练功、养生的诀窍，要易于选择空气清新、静谧无干扰的环境，以及适当的练习时间，树立必定成功的信心，经过一定的时间锻炼，自然能体会到练功对体质的增强和精神状况的激发所起到的不同寻常的作用。每个练功者既要能正确地去认识，又要能正确地来对待这个问题。

歌一曰：

气未动兮心先动，心先动兮气自充；

气动形体合一起，冲锋陷阵显神通。

歌二曰：

天地正气在我中，盛大流行遍体充；

升降前后上下走，浑元如一有威灵。

3. 论手

手，具有五指，又有长短之分别，大拇指与其他四指从腕关节处开始分离，而且功能又与另外四指不同，有独当一面的能力，手指的长短犹如一年四季的长短一样，这就又把它涉及于五行和通于五脏。

如中指独长，在四季中主夏，五行属火，五脏心属火，故而中指通心。小指独短，四季主冬，五行为水，五脏肾主水，故而小指通肾。食指在四季中主春，五行为木，五脏肝属木，故食指通肝。无名指四季主秋，五行为金，五脏肺属金，故无名指通肺。大拇指旺于四季，五行为土，五脏脾属土，故大拇指通脾。头面五行为耳、目、口、鼻、舌，身内五行为心、肝、脾、肺、肾，由此看来，无论是手五行、面五行、身五行、周身五行俱都相通，因此有十指连心的说法，当不为谬说。

无论什么样的规矩、要领，或是怎么样的变化，都是由内送达于外，而且反过来又是由表及于里，往复循环，相互贯通。心为元帅以主指挥，眼为侦察主审视，手为先行主探测，内外合一，统体一致。

五指或并排一片，或是圈散罗列，都要领气，檠聚不散，以利发力，如：

勾手，大拇指与小指相对领气，大拇指通脾属土，小指通肾属水，是水与土合。

仰手（领手、抢手），大拇指与食指相对领气，食指通肝属木，是木与土合。

掤手，大拇指与无名指相对领气，无名指通肺属金，是金与土合。

竖直手（推掌），大拇指与中指相对领气，中指通心属火，是火与土合。

以这四种手型的领气发力来说，是金、木、水、火，无一不与土合，还又是四方皆与中合（方位的说法是：东方为木，南方为火，西方为金，北方为水，中间为土）。知道了手指有相合的妙用，就要按照人体自然功能的规律，通过锻炼的手段来加强，既不可以任意地去加以设想，又不可盲目从事、急于求成，只能是依照着天然的巧法，循序引导，气自然就能注于手指。

拳，什么说是拳呢？所谓拳者，是手指卷曲不伸开，四指攥紧曲卷，握得牢固，凝聚其气，大拇指扣压，一起着力，必须使分之不开，击之不散，方为合窍。其攥法是四指并拢卷曲，大拇指扣压食指、中指第二节，此亦谓之土贯四德，又为五行团聚之法，这就是拳的描述。

拳的用法有九种；直出直回者，为其一；仰拳上冲者，为其二；俯拳下栽者，为其三；向外平分摆拳者，为其四；向里合抱括拳者，为其五；斜右上擢拳者，为其六；斜左下劈拳者，为其七；斜左上领挑拳者，为其八；斜右下牵砸拳者，为其九。这些用拳的方法，就是四正、四隅都与中间相合。根据用法和姿势动作的不同，运气发力的落点也就有所不同，不可盲目混施，必须认真体验。如：仰拳上冲时，是中指根节领气，拳向上挑时，是大拇指第二节领气，拳下劈时，为小指根节领气。

4. 论足

人身头象天，为诸阳之会，统领着一身之气。那么足也就像是地了，两脚有覆而无反，能承载一身之重，静时如山岳，有磐石之坚固，动时若江河之波澜壮阔而可有舟楫之平稳，使其没有颠覆之忧。

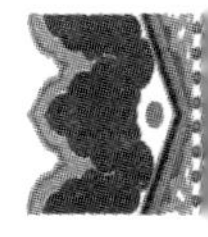

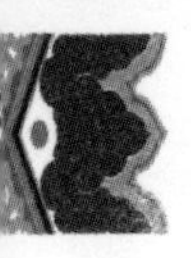

脚，实在是有地之镇静而不动，保持着周身的平衡稳固不至于摇动。脚心的涌泉穴又是气机必然达到的处所，也是为其阴阳转接的地方，气由丹田发起向下，坐臀、沉胯，沿腿外侧而达涌泉穴，再由两腿内侧上升至会阴，过尾闾（长强穴）上升督脉进行循环。

气的催促可使力量到达，周身之力是由脚而发起，注于腿，膝关节起着能够操纵腿的作用，胯又主宰着腿与身的协调，腰是上下贯通的活泼枢纽，上肢两臂膊的伸缩灵通而使气力可达于手指。因而拳经要诀讲的“手似箭，身似弓，消息全凭后脚蹬”就是这个道理。力量的来源与通路就是发之于足，注之于腿，纵之于膝，主宰于胯，活泼于腰，灵通于臂膊而达手指。

脚在实际的运用中有虚、有实，有两脚一虚一实者，有前虚后实者，有左虚右实或右虚左实者，总起来说，不实则不稳，恐有倾跌之患。如果全实又移动不够便利，不虚则不灵动，但是全虚则又轻飘不够稳固而有摇晃之忧，必须有虚、有实，虚实相辅，方可得自然之妙道。

歌曰：

足趾抓地稳如山，进退起落须悬掂，

还有腾跳与移闪，多用藥聚在骨尖。

5．论精、气、神、力

精，为人体中的精微物质，有先天和后天之分别。先天之精是秉承于父母，后天之精则来源于饮食的化生。古人说：“精中生气，人含气而生，精尽而死。”

气，是构成人体生命的基本物质，所以说，气者，人之根本。所说的气，也就是所谓的真气，真气是由三种物质组成的，其中一种是先天之气，是秉承于父母之精气，又叫作元气。一种是水谷之气，是营养物质化生来的，就叫作谷气。另一种则是天地之气，也是人体所需要的自然界中的氧气，又被称作大气。所以说，人的生命是有气则生，无气即死。

神，是人体生命活动的另一种物质，是由精与气化生的。古人说："两精相搏为之神"，就是精与气相互转化，产生了一种物质，"人有气则有神，气绝则神亡"。

精、气、神是人体缺一不可的物质基础，这些物质决定着生命的存在与否，它们是相辅相成的，相互作用化生。因而，有精中生气、气中生神、积气生精的这些说法。当然，它们之间相互作用化生的关系远比这些叙述的复杂，这里没有必要过多地叙述，唯有以练精化气、练气化神、炼神还虚来加强这些功能才是关键目的。

精、气、神是最灵明的。人体先天得以成其形骸，既生以后，又依赖着后天津液的滋养，保证了机能活动，能使其会于黄庭（膻中穴），聚结于丹田，灵明莫测，刚勇莫敌，为内功之至宝，气力之根本。气本是无形的，属性为阳，生化为神，神虚，故灵明莫测，变化无穷。血有质，属性为阴，来源于水谷，生化为精。精实，因而冲塞凝聚，坚刚莫敌。但是，精和神又是相互作用的，神必依精，精亦必须附神，只有精神合一，才可以成为气力。知道了气力的由来，就更加明白了形体产生精神是胜过其他一切物质的道理，没有精神也就没有气力。既然这样，那就得知道精是怎样才能聚，神怎么样才能够

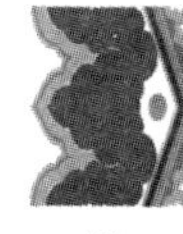

会，如不了解这些，盲目从事，就是尽毕生之精力，也只是落得漫无适从。究竟怎样才能精聚神会呢？实际就是神虚是以气会，精实是以力聚，要想求得精聚神会，还非要聚气力不可。

有气者就有力，无气者就无力，有了气则就自然而生力了。也只有气的作用才能够决定力，气是怎么个聚法呢？就是谷道一撮，玉茎一收，使在下之气尽往上提，不能让其下去。采天地自然之气，尽力一吸，牙齿紧扣，舌顶上腭，使在上之气尽归于下而不上散，这样上下迎合，团聚在中宫，这就是内实精神之说。但是还需要平日不停地锻炼，以打好牢固的根基，当需要用的时候，才能用于当前的突发之时。如果不是这样，那就是好像炮中没有火药，弓上没有弦一样，满腔空洞，没有可凭的根本方法。要想动作猛勇疾快，如山倒海倾，势不可遏，那是不可能的。这些也是练形练气之大忌，必须倍加注意。

气，有养气与练气的区别。养气之学是修性养命，气和心静，意守不动，可达气息平缓，神志清净，心意不动的境界，是以调和身体机能，祛病延年为目的。故云："一念动时皆为火，万虑寂静方生真，常使气通关节敏，精力充沛韵有神"。

练气，虽然是和养气同出于一气之源，然而它是有虚有实、有动有静，由无形到有形，以调整呼吸，有吞有吐为功法，达到能够运使为目的。它的妙用就是能刚能柔，能进（放）能退（收），若是遇到虚式则以柔，遇到实式则以刚，实际也就是所说的刚柔互变、刚柔相济、虚实同进这样的道理。

人体前面为肺气呼吸交换出入的道路，后面为肾气升降运行的途径，使前（任脉）后（督脉）转接畅通，调和先天和后天的身体机能，这就是气功中说的周天循环。开始的时候是吞入清气，直入气海，又由气海透过尾闾旋于腰间，然后上升督脉至头顶百会穴，再由两耳前侧分道而下，归于鼻间上腭处，以舌接引，贯通任脉之气而下行，则下腹充实，渐渐结丹入田，团聚于中宫，气息循环归元，这就是周天之义。气聚则精凝，精凝而神会，自内送于外，无处不坚实，这就是练气的宗旨。故云：练到筋骨通灵处，周身龙虎任意行，掌心力从足心印，一指霹雳万人惊。

力，是人身体能力表现的一种现象，自然力是出于血、肉、皮骨，也就是血液供应养分，肌肉进行收缩、舒张，以保证人的正常生活能力。潜在力，就是意识指挥气机作用于人体，促使发挥内在的一种劲力，突发迅猛，只有武术中的发内劲才是这种力。以此说来，是自然力走于血、肉、皮、骨，为之外壮，是为其形。潜在力是出自脏腑，走于经络、筋脉，为之内壮，是其象也。练气就是为了能使内外合一，完美其形象。气之功用于内壮，血之功用于外壮，明白了气、血的功用，自然也就知道了用力和引气发劲的不同。

总之，精、气、神、力是人身整体面貌的概括，缺一不能属于完备，这也是练气之功效实优于养气之意守。练气之法，是以虚心凝神，排除一切干扰（包括意识记忆中的杂念，为之内魔；或是外界的声响、景物等，也就是所说的外邪），才可成功。

6.站桩八字诀

嵩山少林武功的独特技术风格，千百年来倍受世人关注和武林同

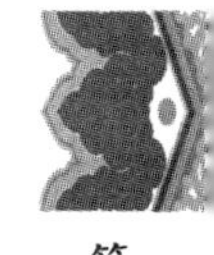

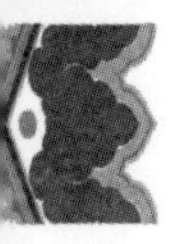

道的尊崇，是因为各种功法都具有严格的练习要求标准及练习要领，以此来作为提高技术水平的基础，桩功尤其重要。如拳法中的椅子桩、川字桩、四平马步桩等，这些桩法暂不多讲，这里只是需要叙述一下气功桩法中包括着的八个字及其含义是什么，这也是练习气功者所需要了解和掌握的。这八字是“一顶、二扣、三圆、四毒、五抱、六垂、七曲、八挺”。只有具备了这八个字的要求，才能聚积力量，产生一元之气，经过练习使其畅通顺达，不至于没有目标，没有方向，出现不应有的其他偏差。八个字都还各有其三种要求，总体归纳为二十四项，下面分别讲述一下：

（1）顶，头上顶有冲天之雄，手外顶有推山之功能，舌上顶有吼狮吞象之容

意念中头向上顶，有把天冲破的雄姿意识，使颈项、腰背正直，便于气息沿着脊骨上升。手向外用力，意欲把山推倒，气可达于手指。舌能接引上下气机，舌顶上腭时气不下降，可使毛发竖立，威武雄壮。

（2）扣，肩要扣则气力到肘，腕要扣则气力到手，足要扣则周身力厚

肩为上肢之根节，肩合才可使上肢之气顺畅，然后可达到催力至肘，腕合手上就自然有力，两脚为周身支柱的着力点，为身之根节的梢节，脚尖里扣，保持全身力点适中，不偏不斜，使身体平衡协调，不探不仰，能催发全身的力量。

（3）圆，脊背要圆，其力催身，胸腹要圆则两肋力全，虎口要

圆则气力外宣

肩扣必然就要含胸，脊背的横向、竖向受牵拉就要向外凸，等于为背圆，力是由气而来，气又是由脊而发，气发而力至，可循环于周身各部位。大拇指与食指连接处称虎口，两手指张开置于胸前，犹如环抱着偌大的物体一样，气力即能达到手掌外放。

（4）毒，心要毒如怒狸攫鼠，眼要毒如观兔饥鹰，手要毒如扑羊猛虎

思虑集中，精神不可外散，气发灵敏，催力迅猛，要有以上所说的心理状态。这里说的“毒”，是要随机应变，迅速做出判断和行动，要快速敏捷（方言称毒）。

（5）抱，丹田要抱气不外散，心意要抱遇敌有主，两肘抱肋出入不乱

抱亦是守，意守丹田才可聚其气，才可使气由丹田而发，守住心意，镇定自若，集中思虑，善于辨别有利时机，手之出入有序、有位置、有目标，沉稳，气催力发不盲目从事。

（6）垂，气要垂则气降丹田，肩要垂则催肘向前，肘要垂则两肱自圆

垂就是向下沉的意思。气息不可有上浮的现象，如果气上浮，轻者身体难以掌握其平衡或失于主动控制，重者就能冲昏头脑，遇事就难以辨别，所以气沉丹田是必须做到的。这和上面讲的“抱”有相近之意，气的提、托、聚、沉四种方法，要求必须取聚、沉之法，使气入丹田。肩、肘要垂，就是在行动时要沉肩坠肘，使得整体重心向

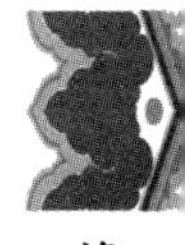

下，让身体宜于稳固，不至于前倾后仰、左摇右摆。

（7）曲，两股宜曲，曲则力厚，两肱宜曲，曲则力富，手腕宜曲，曲则力足

股为大腿，即膝以上、胯以下，肱则是肩至肘的位置。股为人身三节中根节之根节，肱为人身三节中梢节之根节，是脚、手力量的关键部位，在中节协调、配合下发挥作用。这里讲的曲，并不是形状的绝对弯曲，而是意念中把这些部位（包括腕）在发力之前先取蓄势而不伸，犹曲，因其不伸而故谓曰曲，待气催力发，达之力点时的突伸后又疾速恢复成蓄势，亦还是曲，实际就是所说的似曲非曲，这样力量就会不断地发放。

（8）挺，颈项要挺，挺则精神贯顶；腰脊要挺，挺则力达四梢，膝腿要挺，挺则气注涌泉

挺，即是直，要求这些部位挺直，便于气息运行，上下畅通，头顶百会至脚下涌泉两个穴位，都需要使气息能够运行贯注到，全身上下同时用力，使这些部位瞬间一挺，这就是力发一贯的整劲。

这八字诀还需要再说明的是，有的是在行功运气时需要掌握的，有的是在气催力发的时候必须运用的，这就需要每个练功者在练习时去仔细体验才行。

7. 浑元一气功十要论（即十个要点）

（1）一要论（一气）

自古以来，世间一切的某种事物，散居者，能有其统一，分离者，必须有其结合，这也就是事物的矛盾发展规律。各种各样的事

物，各具属性，纷繁杂乱，千头万绪，但是都各有其根源。当论述事理的时候，是要把它的方方面面都进行一下剖析，是为了把一整体可分解为上万个不同的因素，待道理充分阐述明白后，就又把万散的点、面，进行选择归纳，总结到一个根本的表现上来。

武术这一项运动中的技术标准高深无限，姿势奇异，变化万千，其中最根本的也就是“势”，势也即是形，就是势法与体形。形以容纳存储气，气息运行发放以催形，气能通遍全身，上至头顶下达足底，内通五脏六腑，外连筋骨皮肉，上下、内外相通相合，是气使之归于“一体”。上要动时下自随，下欲动时而上自领，上下都动，中间也就必然得动，中间动，上下也就必然配合，这样的内外相互连接，前后相互需要，不可破散整体，就称之为“一贯”。这种一致是其自然而然的，其功能与作用的加强，是靠修炼积累而具备的。

静则以静，寂然而居，势稳如山岳，千钧亦难撼。动则当动，震荡激发，势不可遏，其出则疾若迅雷，快如闪电，不及掩耳，不及瞬目。当静之时，无不俱静，表里上下无参差之形，无牵挂之意。当动之时，又无有不动，前后左右无抽扯阻碍，无犹豫之态。以上这些不能只做几个比喻或者只是主观意识的想象就可以办得到，必须做到气以日积而有益，功以大练而始成。遍观真正有学识的为师者，一贯传导，要求必使其多闻多见，刻苦研讨，最终也就必然能够达到豁然明白之境界。世间之事是没有难易之分的，要坚持去做，一做到底，只能是功夫到了才可成功，要想求取事情的成功，既不能一点脑筋不动，虚耗时日的傻等，也不可莽撞地急于求成，只能是遵照要领，悉

心体会，循序渐进，最后达到周身百骨关节自然贯通，上下表里也就不难联合。使散者统之，分者合之，这样一来，最终还是要归于一气了。

（2）二要论（阴阳）

在整个的社会区域里，练习、研究武术的人，也都兼于以气为论据来讲究技术程度。在一要论中已讲到了气是归着于一了，既然气归于一，这里再论述一下它的分而为二。为什么说它又能分为二呢？就是人体分别有呼吸、动静、上下、升降的缘故，这些既统一又矛盾的现象，又是以阴阳哲理进行概括论述的，把呼、动、上、升归为阳，把吸、静、下、降归阴，在一整体中有了这样两种相对的运动现象"阴阳"，就成了一中寓二，因为人体呼吸、动静、上下升降的生理正常活动，是必然的，没有这些正常的生理运动，那么生命也就不会存在，也就谈不到什么功法技术了。只有懂得人体不能无动静，不能无呼吸，形体不能无上下，气息不能无升降这些人体生命的必然表现，只有明白了这种一中寓二对恃循环的道理，明白了阴阳的相互辅助，相互转化接替的规律，才有可能进一步地研究技术。

（3）三要论（三节）

我们所要讲的气，是人体机能气息有规律的循环活动，是沿着人身的各个部位进行升降运动的。用技术的观点来划分人的身体部位，可分为三大节，这三节也就是上节、中节、下节。头面和手臂为上节，胸腹为中节，足腿为下节。就头面而言，也还可分为三节：天庭（额头）为上节，鼻子为中节，底腭（下腭，俗称下巴）为下节。

臂膊上的手为梢节（上节），肘为中节，肩为根节（下节）。以胸腹来说，胸就为上节，腹为中节，丹田为下节。以足腿言之，则足为梢节，膝为中节，胯为根节。从头到脚有其三大节，又各有其三小节，如果不知道有此三节和它们所处的具体位置，那么就不知道应该注意身上的哪些地方。如果无有着意之处，也就等于没有方向，没有目标。

至于人身之气，是要运行发动的，气以催形，就要梢节动，中节随，根节催。人身整体分为三大节，各节又有三小节，总起来说，上自头顶，下至脚底，四肢百骸还必须要归结为一体。

（4）四要论（四梢）

在讲人身形状、机能、气息运动变化时，就必然要涉及“梢”这一题目。那么梢是什么呢？梢是身之余绪、末端。如果只讲人的形体和各种器官的作用，那也就没有必要来论述梢了，如果是讲到气，那就得要明白为什么要讲梢的原因了，还更要清楚其中的道理和作用，并且理解怎么样才能够掌握好它的运行要领。

手为身之梢节，拳、掌为武术技法中手型，是由贴近身体向外发放冲击的，必须有适当的距离保障和准确的位置，气则可由身之主干而通达于梢。因此，要说气的作用也并不完全表现于身体的脏腑和躯干，如若是气虚而不实，不能运行于梢的，也就谈不上是真正的功法。其他虽然也有讲梢的，但只讲到身之梢（手为上节之梢，胸为中节之梢，足为下节之梢），就是还没有讲到气的梢，那么这种论述的意义也是有欠缺之处的。气可把人体内外、上下统而合之为一，这也

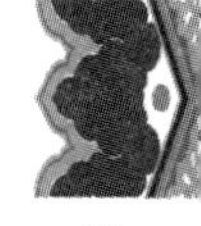

只是讲到阴阳循环的互相转接，怎么又说其有梢呢？其实身之梢有三，而气之梢则有其四，下面就分别来论述一下：

发（毛发），其为一也，发虽然不被列于五行生克，与人身肢体的运动也没有多么大的关系，好像没什么必要来谈论它。然而，发为血之梢，血又为气之海，那么既然讲气，就不能离开血，也就不得不兼及于讲发（俗称头发枯黄不润泽，为血色不正）。

舌（口中舌头），其为二也，舌为肉之梢，而肉为气之囊袋，气不能行至肉梢，是说明气还没有练到可以运用的程度，也就达不到可以发挥的能力。

齿（牙齿），为其三也，齿是为骨骼之末梢，骨为人体的框架支柱，肌肉经络附着于骨，气随筋脉经络而行，这说明气是沿着骨骼而运行的，讲气就必须讲骨。气能畅达之根本虽然在于骨，但是筋脉又是骨骼相连的纽带。

甲（指甲、趾甲），为其四也。甲为筋脉之末梢，气循筋脉而行，随骨而屈伸，鼓动血液而流通。

怒发冲冠，舌欲摧齿，牙咬断金，甲可透骨。如能达到这样的程度，就是气已贯通的表现，能达于四梢，四梢之气足，则力量就为之无穷。

（5）五要论（五脏）

练习武术技艺，是要讲究手眼身步之法的，只有得其法者才能姿势准确，才能成为技术形体，这就是势法，它的完美还在于精神表现和气息意念的贯注。人的体能是以五脏之功能作为保障的，能产生维护生命和体能付出的物质，所谓的气，也是有赖于五脏而生成的。

五脏是生性之源，是生气之本。其名为心、肝、脾、肺、肾，心为火，生焰而上象，肝为木，曲直而有形，脾为土，而有敦厚之势，肺为金，其可吐故纳新，肾为水，有润下排泄之功能，所讲这些就是为了说明五脏的意义。

五脏与气的关系是非常密切的，配合也自然有序。当谈论到武术功夫这个方面上来，也照样离不开五脏机能的作用。五脏在人体的胸腔里面自然有各自的所处位置，还各有其经络通达于外，只有肾脏有二枚，左右附于腰间，是处在脊椎骨的第十四节，是为先天的第一脏，为其他各脏之根源。因此，只有肾水足，则肝木、心火、脾土、肺金，才能生机旺盛。五脏在外的就是所通之窍于头面上的耳、目、口、鼻、舌，是谓之五官，这五官实是五脏精华所聚之象征，也是气血交会、阴阳转接的所在之处，是周身功能之要领。

五脏功能决定着一切生理上的变化，它的功能在实际运用中则为心属火，心动勇气生，肝属木，肝动火焰冲，脾属土，脾动大力功，肺属金，肺动沉雷声，肾属水，肾动快如风。所讲这些，还需要练习者认真地去体验才可达到妙境。关于五行的相生相克之制化，是要另当别论的，这里所讲的只是人体五行、四肢、三心，能合为一气而已。

（6）六要论（六合）

人的各种运动行为，都是身体各部机能发挥其能力的结果，是由指使和具体行为的统一的作用。心为主观的总指挥、意念产生的根

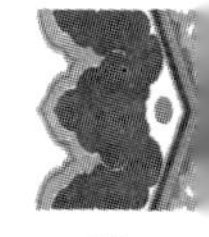

本，气是由意而生成，有气也就有了力量，故而有心与意合，意与气合，气与力合之内三合。形体的相互连带催促，保证着心、意、气、力的表现态势，手出脚必随，肘膝须相照，压肩提胯，周身合成一个整体，故而有手与足合、肘与膝合、肩与胯合之外三合。此即为心、意、气、力、形体之合，内外各三，是为六合。

心主血与血合，肝主筋与筋合，脾与肉合，肺与身（身有皮毛）合，肾与骨合，内与外合，此为各脏机能与在身所主导的功能相合，此亦为之六合。

心为主导，眼为视觉器官，耳为听觉，口为感觉（语言发于口是意识的表达），鼻为嗅觉，手可无穷变化，足腿可支撑、平衡。故而有心与眼合多益明，心与耳合多益聪（精），心与口合多益勇，心与鼻合多益气（力），心与手合多疾快，心与足合多稳固。这又是精、气、力、神在实际运用中之六合也。

在教学与练习过程中有“玩捶不遵六合理，只落憨玩一辈子”的说法，这也就说明了六合在技术中的重要。但是，如果讲不明白，不可使其领悟，不能恰当掌握，就不能准确地运用。

以上是分开讲的几种六合之法，总起来说，一身上下、内外是个统一的相合，一处动，其他各处也就无有不动，一处合，也就无有不合之处，这样一来，人身整体尽皆具在相合之中了。诸般巧妙的方法，也都是由六合中来进行变化的。

（7）七要论（七进）

进，即是移动着前行。人的一身，头为诸阳之首，气之统领，为周身之主导，一切均看头所处的是否恰当、端正，所以在行动中头不可不进。

手为运动之先行，它的根基在于臂膊，如果膊不进，手是无法前进的，手不到则气也就不能达到，所以膊也贵于进。

气聚于丹田，能使其发动的机关是在于腰，腰也即是身，腰若不进，则头、手空虚不实，怎么还能说进呢，这也就是说腰也必须是要进的。

气力虽能贯通于全身，然而能使身体运动的根本保障，还在于步，步要是不进，那么一切也就无能为力了，此所以步就必然要采取的是进了。

左方须要上时则进其左，右方须要上时则进其右，那方当进，那方就是应该着力的地方。

手到不如身到，身到不如心到，必先到以心，后到以身，心为主帅，手为先行，脚为士卒，心若无进之意，则周身就无依无着，此所以心是必进的。

以上所讲的进，是为周身统体精、气、力、神，皆已具备了可动的状态，没有相互抽扯、牵拉、阻滞、游移之形，即所谓：欲把全身倾将去，铜墙铁壁也颤危。

（8）八要论（身法八要）

身法，需要讲到的都是哪些呢？仔细分析一下，也不过就是纵、横、高、低、进、退、反、侧罢了。纵者，放开其势，直往而无返也。横者，向里拦，向外格，是用其裹劲也。高者，扬其身形，借

助于其势而身有增长的意念。低者，抑其身形，就好像要往下降落一样。进者，当需要进的时候，就必然要进，弹跃其身，勇往直冲。退者，当退之时，也必须要退，以便于重新再聚其气，收敛其法，是为了使被动变主动，劣势变为优势，以利再进。反者，使身体的胸膛、面部方向转向反面，即是由前方向后转，使后变为前。侧者，就是左右，应该知道有其左右以不被别人所攻取。

以上所讲的纵横、高低、进退、反侧之八法，在实际运用当中不可拘泥于所定的模式，必须能够准确地判断出对方之强弱，采取正确的应对方法。有忽纵忽横者，纵横因势而变化，不可一概而论。有忽高忽低者，高低随时而转换、移动，不可执之于一个格式，当应进宜进之时，决不可退，退则有懈势馁气之弊。时而宜退，即当退之，是以退而鼓其再进也。若是反身顾后，这样一来，则后又不觉为其后了。侧者，顾其左右，而左也就不只为左，右也不单是为其右了。总的说来，能审察一切的机关是在于眼，思维变化的是在于心。一动之时，整体百骸无不动者，如有一处配合不当，则整个就成了劳而无功之举了，因此，身法是不可置而不论的，更重要的是还在于能掌握其要领。

（9）九要论（步法）

人身的整体运动，无论是平衡、沉稳，还是跳跃、移动，这些根本的功能，就是步起着主要的作用。不管是什么样的运动和劳作方式，都离不了脚和腿的支撑，足腿实为一身之根基，运动之枢纽。如果谈到练习武功，讲究技术这方面上来，就更应该明白其重要，特别是遇到对垒和应战敌方，看起来好像是身体的作用，而实际能为身的砥柱者，必然是步。因此，武术界的各家各派对于步的标准程度都有严格的讲究和要求。能够掌握住势法的变化，随机顺势以应变，手的作用固然很重要，但是能够保障手的方向、位置、角度转变的，是步之进退、反侧的变化。高低、起落，无步不能表现出灵活，无步不能显示出巧妙，所以说，情况的获得在于眼的审视观察，决定行动变化的在于心的意识选择，能够使其转弯抹角、千变万化，又能运动自如的，也实在是步的作用。身欲动，步早为之周旋，手将出，步又早已为之催促，所以说上身要动作的，都是下身为其办理实现的。这是很自然的，虽然这些不是用特殊意识指挥的，但是这种出于无心的行动，觉与不觉的鼓舞形式，也必须在平时加以培养，成为习惯，才可以随时而用。至于前后左右有定位的，是步，然而蹿、跳、闪展，方位互变，无定位的，也还是在于步。拳术是以势法来讲的，而势的主要组成部分在于步型、步法，手之出手，步之进退，是需要上下的紧密配合。活与不活，在步；灵与不灵，也在于步。这就说明了在运动的过程中，起作用最大的，没有能够超过步的了。

凡是捶（拳）都讲心意，所讲的心意，就是意从心中而生，意也就是行为的念头，内在的思维。拳随着意念而发出，随着机会而变化，心意一动，四肢皆动，脚起的有地方，膝起的有位置，转动有幅度标准，合肩合胯，肘、膝、手、脚三尖相照。心、意、力之内三相合，手脚、肘膝、肩胯之外三相合，手心、脚心与本心之三心也要相合。距离太远是不能发脚上步的，距离远了，即使是步法速度非常

快，也是需要一定的相应时间，这就会给对方以充分的预防机会。所以说是：远则不发脚，发脚不打人，捶打五尺以内，三尺以外为最佳距离。不论前后、左右，要贴近人就必须进步，一步一捶，步手相应，脚手快如风，发动如雷崩，既要快捷，又要紧急，脚要十趾抓地，脚跟蹬地，步幅要恰当，步型要稳固，身形要庄重，这样捶出才可沉实有力。

（10）十要论（交手法）

当与人相搏时，必须像以巨炮摧毁很薄的墙壁一样的气势，勇跃直入，手出之时为散而不整（是为散手），挨着人了才成拳（为聚而不散）。发手以得人为标准，不露形状为要领。

将要交手，须以气为先导，周身上、中、下，三节要一气贯注，手、身、足要按照规矩标准去做，既不盲目地望空起，也不随便地向空而落。

歌曰：

翻江倒海不须忙，丹凤朝阳逞刚强，
云闭日月天地交，武艺相争见短长。
步距尺寸要把定，身手不离方为上，
发招不中可重用，解开其意神通广。

若是遇到变化很大，情况难以预料的时候，需要镇定，不可盲目，不能慌乱，必须善于利用自己的优势和娴熟的技巧，去争取主动，混淆对方的视觉以扰乱其目的。对抗的胜负，是要看手身是否配合得恰当，远近距离是否判断得准确，进退是否得法，一旦失误是否能补救及时，这就是其中的意义，能够顺心自如地掌握，就有胜利的可能了。

既已交手，其中的精明灵巧一切变化，全在于机动灵活。能进能退，能柔能刚，能攻能守，能打能防，动静互变，阴阳难测。以静待动有其法，以动处静亦有法，审察来势去势之机会，思忖敌人之优劣，借法容易上法难，还是上法应为先。交勇者，不可思悟，思悟者，寸步难行。两边提防左右，反背如虎搜山，出手要取胜，四梢要齐整，不胜也有骇士心。起手如闪电，闪电不及合眸；打人如迅雷，迅雷不及掩耳。计谋施运，明暗难辨，艺精心勇称上策。拳以心发，力以身催，手以心来把握，心以手来引导，进身进步，一步一捶，一处动，周身都动，一伸浑身皆伸，既伸就要伸得进，把握就要把握得准，不管是提打、按打、挑打、斩打、肘肩头打、进步退步打，拗步顺步打，以及前后、左右、上下，各种打法，都需要一气贯注，相顺相随。当出手时，需站中门，这也就是巧法。骨关节要相互对应，不对应就无力，手把要灵活，不灵则生变化，发手要快，不快就迟误，举手要活泼，不活也就不会快，打手气要跟，气不跟则不济事。存心要毒，不毒则就不准，存心要精明，不精则受愚。外静内敛，机要熟运，切勿畏惧迟疑，心小胆大，面善心恶。稳静似书生，发动如雷霆，脚踢头冲，拳把膊作，窄身进步，长身而起，手脚东指须防西，前虚后实，诡计胜不胜数。灵机需要自己揣度，力大打力小，手快打手慢，自然道理。远不发手打，两手要护心，左来左迎，右来右迎，此为捷取之法。远了就上手，近了便加肘，如是贴了身，则用肩膀

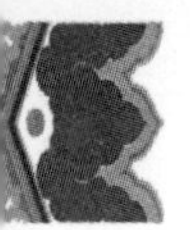

头。远了用脚踢，近了便加膝，相靠触肌肤，臀胯莫迟疑。距离远近要知道，对方的势法要看清，采取进击只在一闪念间，即使有意，不可表露出任何形状。心要整，目聚精，手脚齐到才可赢，若是手到步不到，打人还是不得妙，手到步也到，打人如拔草。上打咽喉下打阴，左右两肋又中心，前打一丈不为远，近者只在尺寸间。身动时，如墙崩倒；脚落时，如树生根。身如一条蛇，首尾须相应，打前要顾后，知进须知退。操演时，前面无人似有人；交手时，前面有人似无人。起前手，后手紧催；起前脚，后脚紧跟。心要占先，意要胜人，身要攻人，步要过人，周身一气贯注。胆战心惊必不能取胜，未能察言观色，必不能防人，必不能先动，必不能为主。千种打法，何以为绝，是快为其巧；万般方法，何以为尽，是活为其妙。总之，要以心为主宰，统率五行，运动阴阳二气归于一，时时操练，朝夕莫误，初时盘打而勉强，功用日久而自然，这些就是再正确不过的道理了。

小结

气功暂且论述至此，虽不精确尽致，但也还是能让人们有所认识，人体进行过锻炼，它的能力表现是有所超常的。用现代医学观点对其衡量，也可以明确地得出结论，呼吸通畅，血液循环功能加强，消化、吸收良好，分泌、排泄正常，特别是神经中枢得到了调解，使得周身机能健康、旺盛，是药物作用不能比拟的。

只有整体素质的健康，才可产生自身免疫功能，抵御和防止疾病，试看社会上历次的疫症流行，只有身体素质强健，才可免于传染。2003年非典型肺炎的发生，没有特效药物能够控制，只有通过身体锻炼，增加素质功能才是根本预防措施，此非卑人妄言也。聪慧之士选择的是自我强健，纯粹依赖药物和其他，不注意身体锻炼，也只能说是认识中尚有欠佳之处。全民健身，国家的号召、指令，身体锻炼，百益无害。

锻炼、健康、长寿、幸福，至诚之理，人的生命是最可贵的，生命的存在就是幸福。当然一些有知识、有能力的贤哲之士，对人类的文明进步做出了贡献，有一定的社会影响，他们的生命价值是高尚的、幸福的。但就我们一般常人来讲，生命的存在会给周围的一些生命带来欢乐、安慰和鼓励，这些何尝不也是一种莫大的幸福呢！

浑元一气养生拳名称歌诀：

浑元起势当为先，阴阳两手须转换；

左右飘然如摆柳，怀中抱月心坦然；

手臂平直两极探，龙潜海底浪花翻；

坐盘观音把佛念，力士伏虎把头按；

挣脱锁铐添力气，桩步提地又举天；

左手左掠聚手炮，右手右掠撩阴拳；

上步踩脚须响亮，落脚弓步贯耳拳；

弓步左转楔橛捶，双手十字向右转；

左倒三步回环手，反身一掌梭子穿；

身一稍懈双挤按，又一抱月转右边；

双手平伸挥两极，右转楔橛势法仙；

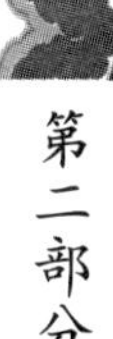

向前三上游龙步，桩步斜行似单鞭；

左拳右拳互换打，上步左掠撩右拳；

左起飞脚天踢破，双脚一震窝地拳；

左弓双推十字手，向右倒步手回环；

反身一推穿心掌，懈身沉胯双手按；

扑步掠手像捞沙，右手一举火烧天；

炮打耳门龙摆尾，转身桩步磨腰拳；

挤按抱腿左右踹，震脚舞花是坐山；

浑元收势心稳静，修身祛病坚持练；

两仪养生拳一路，君家莫要等闲看。

第三部分

武术部分

概 论

众所周知，中华武术源远流长，其真正起源不可追溯，总之，它是随着中华民族的发展而发展的，成为了中华民族文化宝库中最古老、最根本的一部分。人类进化，推动了社会的进步，人类发明创造了文字，各种事物发展的经历过程和验证结果，都用文字记述了下来，形成了各种思想派系，学说理论也渐趋完备。武术也依附着唯物科学的观点学说，升华到独具自我风貌的、理论与实践相互作用的境界，日渐形成与社会、国家、人民生活不可分割的武术文化。

什么是文化呢？笔者愚见，就是指某一事物的发生与发展，对社会进步起到了促进和推动作用，有深刻的意义、广泛的影响。那么它也就必须是有历史根源、社会作用和表现，有丰富的内容、完整的体系、详细的文字论述，才可说是文化。文化又是人们能够接受认识的、心理向往的、有社会价值和意义的一种观念。大多的文化象征有其历史时期性、人物特殊性，只有武术这一文化理念，是在历史的长河中永恒的保持；它的基础深厚，来源于广大人民群众的生活、生产、斗争的实践中。因此说，武术是历史，是文化，是人类发展的保障动力，是为生存和健康所采取的行为之智慧结晶，是一种意识境界，具有广泛的普遍性，区别也仅是在技术程度方面有所差异。

那么一种文化的形成，必须是先由人们的意识概念和认识观念的发展结果来决定的一种行为举动。所谓的概念，就是事物在发展过程中所经历的各个不同时期和阶段，并且在这些过程中的作用表现，让人们有了认识和了解，又能够掌握运用，通过交流、探讨方式又能促使其更好地发展。观念，就是人们对事物认识了解后所持有的态度。

武术这一事物，是在我国漫长的历史长河中发展起来的，我们要从它经历的不同时期来认识它，客观地去看待它。不同的时期对武术概念的表述也不尽相同，它的名称、内容，以及社会影响是在不断地演变和发展的。在没有文字以前，是不可能有武术这一名词出现的，根据考古推测，原始人类的手脚功能是敌不过猛兽的锋牙利爪的，为了求得生存，也只能加强攀援与奔跑的能力，有时也只得依靠森林（如有巢氏）。随着人类的进化，模仿一些飞禽猛兽的动作，提高自身的防卫能力，继而发明了简单的石器工具，当作斗争的武器，出现了雏形的武术（仅限于手打、脚踢、投掷、砍砸）。

部落群体的形成是人类向文明发展的过渡，国家的建立，阶级的出现，军事战斗技能成为镇压与反抗的必需手段，促使了武术的大发展，成了政治层次的高等文化（学就文武艺，货于帝王家），直至封建末期，形成了较为完善的武术文化体系。由于地域和风格特点的不同，又有派系的区别。

总之，武术的发生是人类求生存的自然反映，这一观点是无疑的，就现今对其他动物的观察、分析，它们的意识是决不可能形成认

识的，但是它们也为了自身之利的偶尔争斗，也就是自然的能力反映。人的进化，对自然能力反映有了认识，懂得了能力功能所起到的作用，也就期望和着意于它的提高，原始的生产方式是采集与狩猎，人的自然反映能力，也自然地要运用于其中了。

随着社会的发展，战争和战斗促使武术技能的提高与发展，武术的作用性质和表现形式由原来的原始性改变成了意识性，成为了专门的格杀和技术标准设定的训练模式。

现代化武器的运用改变了战争的形式，武术已失去直接的战斗作用，但是它的社会作用仍然在不断地加强，因为它是人体能力和智力提高的特殊辅助手段，武术发展到当前的蓬勃形势，是人们已经又用新的多角度的认识观来看待它了。它的内涵与表现也将要以更新更高的程度作标准。任何事物的存在都意味着必然的进步与发展，停滞了就意味着将要被淘汰与灭绝。武术自有史以来，在各个历史阶段中都是以其社会现实作用而存在的，具有深远的历史意义，更有当前意义，并蕴含着未来意义。决定武术的意义还在于它有多方面的功能，即提高了人体自身能力，增强了身体素质，使人们能适应多种客观环境；长期的刻苦训练，培养了人的坚忍不拔性格；树立起坚定不移的意志，激发奋进情绪和迎难而上的精神。它的内容始终具有攻击和防守意识。

武术技能和伦理道德修养融为一体，就是伟大和正义的象征。

1.少林武术的起源和发展

说到嵩山少林寺，人们无须意于思索，随之便会联想到敏捷矫健、生龙活虎、纵跃腾跳的练武场面。“拳以寺名，寺因武显”，千百年来，中华武术界，少林流派成为人们崇仰的目标。

少林寺，本是在南北朝时期的北魏皇帝为印度僧人跋陀修建的，以使其成为宣讲佛经、传授佛徒的场所。因武术是我们中华民族独有的传统文化，而且其历史久远，是随着中华人类同步发展的。人类的逐渐进化和社会的不断发展，使武术也随之逐渐丰富、充实，形成了以力学、兵家、哲理、生理等为内容，以技巧、方法为手段，以达到实用为目的的一门社会科学。它的群众基础深厚，普及面广，几乎每个民族中的一员都具有一定的武术意识和技术。在当时参与佛事的人群中有很多都具有武术知识，又不乏武技高手。出于各方面的需要，他们便在寺院里一面从事佛事，一面发奋练武。据《少林寺志》记载，跋陀有一弟子名“稠禅”就是一位武技高手。《少林寺志》还有其他相关的资料中都介绍了“稠禅”的基本情况，说他是邺（今河南安阳）人，武艺超人，很受跋陀赏识（这说明当时他已在寺院内演练武艺了）。跋陀圆寂后，他离开少林寺，回归邺都的“林虑山”（今河南林州市境内）建立寺院，少林寺僧众随其到“林虑山”的就有千余人。这和2001年3月13日《安阳日报》刊出的《社会特刊》中介绍的少林武功的开创者为稠禅的说法毫无悖谬。还有其他资料和唐豪的考证都肯定地说明了稠禅在少林武术中的位置。

少林武术经过历代的演练，不断汲取、丰富、增益和总结，遂形成了自己的风格体系。也就是近些年来总结的狭义少林拳，指的是河南嵩山少林寺僧人，为了健身和其他需要，集民间武术于禅院，长期

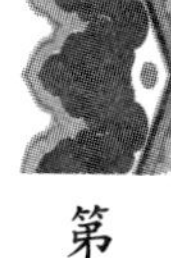

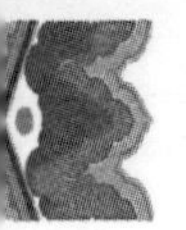

演练，自成体系。因其地处中原，成为重要会武场所，僧、俗互容，相聚一堂，交流武事，千百年来使得少林武术兼容并收，融诸家之长为一炉，世代广为流传，风靡海内外，有“天下武功出少林”之美誉。

广义的少林拳则指的是“少林派”，由于少林寺僧所传习的“禅宗”是释、儒、道合体的中国佛教，各阶层习武者多能接受其三教一体、九流一源、百家一理、万法一门的教义。于是逐步形成了以少林寺传习的拳技为主体，凡与少林拳技、技理相似，特点相近的拳种归附于少林拳，形成了少林派。

2.少林武术风格与特点

明、清时期，拳派繁多，但总的是分为内、外两大家，把主动、主攻的称为外家拳；把主静、主守的称为内家拳。有称少林拳为外家者。其实，少林拳的风格是动、静相间，攻、守兼备，刚、柔相济的。如拳诀中所说的：“敌不动时我不动，敌若动时我先动”，指的是静与动；“攻敌宜矮马，最忌长三步，出手探敌势，自身首先顾”，指的是攻守；还有“出是散手，着人成拳”，讲的是刚、柔。少林武术的上乘功夫，就是要动静分明，攻守兼备，刚柔互助。

少林武术的特点明显，它具有含蓄、舒展、灵活多变、迅速勇猛、刚劲有力、朴实无华、拳打一条线等特点。不管是进退、起落、转折，千变万化，都是在一条直线上进行。

少林武术要求身之起则为横（正面），落则为顺（侧面）。手是以滚而出，以滚而入，臂则是曲而不曲，直而不直（实际是手发必至力点，迅速弹回）。

3．当今的少林武术

少林武术的流派庞大，技术繁杂，实难尽知。少林寺内武术的盛、衰，是随着寺院的情况而定的。由于近代的军阀混战，少林寺在1928年3月被冯系军纵火焚毁，僧众流散殆尽，练武之事也就无法谈了。中华人民共和国成立后，对武术事业的发展确也重视，只是因为当时的国情，需要全面建设一个崭新的、民主的中国，人人都积极响应国家号召，投身于各行各业的建设之中，无暇问津于练武之事，寺院存留的十几名僧人也加入生产队（农村基层的劳动组织）中参加集体劳动，武术则被束之高阁，练武的事情几乎搁置不谈。

少林武术汇集了多家技法兼有独到之处，成为中华武林中最大的派系，流传范围之广，声誉影响之大，自元代时期起，对国外的武术发展已起着重要作用。社会中任何事物的发生都是受着社会客观条件的制约而决定其发展，中国武术也是随着我国社会阶段决定其发展和兴衰的。20世纪80年代，国外的武术爱好者，以个人或团体，纷纷来少林寺朝山归宗，寻根求源，刻石勒碑纪念。国内改革开放的经济大潮，应时上映的电影《少林寺》，激起了国人的练武热潮，尤以青少年为主的人流，大量涌入少林地区，使少林武术又有了新的转机与振兴，全国城乡也轰轰烈烈，遍地都是练武风气，已成澎湃壮阔之势。由于近些年来的盲目信崇，技术的优、劣有待考证，但必须知道，少林武术是历经长时期的社会实践才形成了庞大的派系，是其技术蕴含着深奥的哲理、技理，不探究研揣，实难握其要旨。

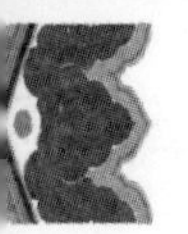

伟大的中华民族，芸芸众生，志士济济，怎么能够不关心此事呢，无论是北国南疆，东海西域，凡我中华子孙，有志之士，均须抛名舍利，剔糟粕、取精义，讲科学、求实际，共研真谛，实不可做壁上观，以待其成也。

一、少林武术有关理论分析

少林武术流传一千多年来，形成了独特的技术体系和丰富的理论学说。但是由于派系庞大，技术繁杂，又兼有各家各门的独到之处，无法衡定，不能用一个标准统一。但是基本上都还是以少林寺的技法理论来进行阐述的。近些年来经国家主管部门的挖掘整理，一些文字资料也已现于世人面前，虽有不同名称的刊载，其终不外以“少林武术秘诀”“少林武术要略”为内容的书目，且还均是以原字、原句的古文式，不能让人一看明了，甚或还难以理解。今仅以浅识拙见做注，为共同研究做一引子吧。

1. 释家捶把十要诀（即拳法要略）

（1）其一曰：三节

原文：举一身而论之，则手肘为梢节，胸腹为中节，足腿为根节。然分而言之，则三节之中亦各有其三节也。如手为梢节之梢节，肘为梢节之中节，肩为梢节之根节，此梢节之三节也。胸为中节之梢节，心为中节之中节，丹田为中节之根节，此中节之三节也。足为根节之梢节，膝为根节之中节，胯为根节之根节，此根节之三节也。总之不外于起、随、追而已。盖梢节起，中节随，根节追也，孰不知有长短曲直，参差俯仰之病，此三节所以贵明也。

解曰：起、随、追，劲法也，三节名虽不一而劲法则一也。盖周身之劲法如是，而各节之中劲法亦如是。起要起去，随要随定，追要追上，一动而劲皆至，则无失矣。有歌诀曰：身以滚而起，手以滚而出，身进脚手随，三节自可齐。

注释：人身本为一个整体，其中有骨骼关节，各关节与关节的连接，分为四肢躯干，即有了三节之说（手肘、胸腹、足腿）。人的各种运动的形体改变，都是骨骼关节的屈伸、扭转活动方式，神经中枢指挥着全身各部位肌肉的神经元进行扩张、收缩，形成了运动状态，产生了多方位的力量，在运动形状的形成过程中，在时间上说，虽然是非常的短暂，但是，顺序还是有先后的分别。三节的起、随、追，就是先后的说明。起，就是已经动了；随，就是跟着动而动，亦可说是随动，追；是促使动和随动达到必然目的的动，也是动要达到目的效果的必然保障。这其中的劲法必须完整，即平常说的力发一贯，迅速达到力点，这就是三节起、随、追的意义，也表达出了起去、随定、追上的这些道理。劲是发于根节，运行于中节，达于梢节，这就是整劲。在这个过程中还应该注意到不长不能使气到达，不短不能有效地加以防护，由于长、短的变化才形成了曲直状态，形体要端正，不可出现向前俯、向后仰。明白和理解了三节的道理和意义，也才能正确地掌握与运用，切实的体现出其技术程度来。

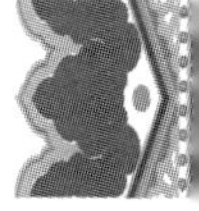

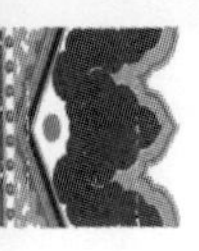

（2）其二曰：齐四梢

原文：四梢者，何也。牙为骨梢，甲为筋梢，舌头为肉梢，毛发为血梢，此即为四梢。必使牙咬断金，舌能摧齿，甲欲透骨，发欲冲冠，心一颤而四者皆至，四梢齐而内劲出矣。盖气从丹田而发，如虎之恨，如龙之惊，气发为声，声随手落。

注释：在技艺中所要求的是人体功能，四梢是人体结构的四个末端部位，实际是以四个末梢部位来讲人体的根本功能的。骨骼构成了人体框架，支撑着整体，其各关节是人体运动的具体实施保障。筋和肉既是骨骼连接的根本，又是纳气容血和流通的唯一渠道，力量的产生又还是来源于肌肉。毛发是验证气血盛衰和流通状况的表现，研究四梢也就是为了证明一下锻炼的程度，牙咬断金，舌能摧齿，甲欲透骨，发可冲冠，这就是锻炼程度的说明。内劲是人体的内在潜力，所谓的四梢齐，也就是在同一时间内运用这些部位一致的发挥作用，内外合一，激灵振奋，使内在潜力表现出来。同时精神表现要有虎之威猛，动作灵活要像龙蛇的变换、转折。发声以助其势，声发而手已到，既一致又快捷。

（3）其三曰：闭五行

原文：五行者，金、木、水、火、土也，内属五脏，外属五官，如心属火，心动勇力生，肝属木，肝动火焰冲，脾属土，脾动大力攻，肺属金，肺动沉雷声，肾属水，肾动快如风，此五行之存于内也。目通于肝，鼻通于肺，耳通于肾，口舌通于心，人中（穴）通于脾，此五行之现于外也。故曰：五行真如五道关，无人把守自遮拦，真确论也。其所当知者，如手心通心属火，鼻尖通肺属金，火到金化，自然之理也，余可类推。天地交合，云蔽日月，武艺相争，先闭五行。闭己之五行，即以克人之五行。此与四梢法相参。

注释：阴阳学说和五行学说，是古代贤人用来形容和说明事物变化现象的辨证哲学，这里用五行的金、木、水、火、土的相生相克来表达人体五脏功能，相生的互助和相克的互抑使得脏腑功能的平衡不会偏执，以利于人体能力的发挥。肝脾为消化系统，可转化供应各器官和各部位的营养物质。肺为呼吸系统，能把大气进行气化，以供应人体所需的根本性物质“氧气”。肾为泌尿系统，可排泄周身有害的和无用的废物质，以减少对机体的损害。心脏为循环系统，它的输送血液功能，是给各脏腑供应血液养分，以保障各脏腑的功能活动。各脏功能活动的表现又依照着中医学理论，其为外部开窍于面部的耳、目、口、鼻、舌，通过内在和外部的表现来证明人体功能。如其所说的心脏功能旺盛，表现得有勇气，口齿利落，言词爽直不吞吐。肝脏使人表现得有气质，精神、眼睛明亮、敏锐。脾脏可使人体壮实，有内蕴力度感觉。肺脏使呼吸通畅，气息不衰竭，手出、声发，洪亮如雷鸣，气息升降，脏腑运动，也可响声如雷。肾脏在身主骨，通窍于耳，耳之听为灵性，骨骼健壮，关节灵活，听觉敏锐，使人体矫健、快捷。这些就好比设了五道关隘一样，自然能各自发挥功能。武艺相争，先闭五行，这个“闭”字在此应看作是掩盖不显露，就是所说的蓄势蓄劲。五行和四梢有紧密的连带关系，是互通、互助、互辅的，并不是截然的独立自我。

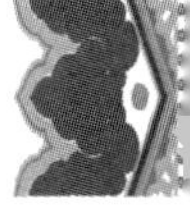

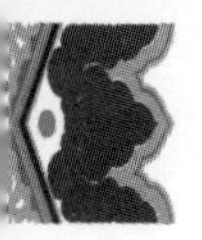

（4）其四曰：身法

原文：身有八法，起、落、进、退、反、侧、收、纵而已。夫起落者，起为横，落为顺也。进退者，进步低，退步高也。反侧者，反身顾后而侧身顾左右也。收纵者，收如伏猫而纵如放虎也。大抵以中平为宜，以正直为妙。此与三节法相合，此又不可不知也。

解曰：起望高束身而起，落望低展身而落。

注释：所讲的八法，是以人体的胸腹、足腿变化转折来说的。起，是身体由低向高的姿势改变，胸腹向着运动方向一面的是为横。落，是由高大的向低矮的动作改变，一侧肩膀向着运动方向的为顺。进，是脚向前上一步，当脚提起向前落时，是由接近地面、贴着地面，然后踏实，如其他拳家的趟泥步。退，是脚向后方落地成为步型，因人的自然生理结构，其关节的屈伸扭转，利于前进，后退时有其自然的不便，还必须是脚由高向下的直落，再者是恐地形障碍的撞拌而失平衡，因此要抬高脚向上起的高度。反，是身后方向，身体转动，迅速改变方向，可使后为前，前能为后，不受方向不同的影响。侧，为胸腹的左右两面，当运动时，前后方向的迅速改变，在实际上也已经兼顾了左右两侧，如果一侧确须用心对待时，就必然地用心便了。收，是把四肢贴近躯干，使动作矮小紧缩，蓄势蓄力，静听、明视，审机待动。纵，就是展放，伸挺，姿势威武，动作迅猛，发力充实，往而能胜。中平，就是要适当，不过分，不勉强。正直，身形体态端正，不仰不俯，不歪不斜。这些和三节里面讲的中节、根节有相同之处，在实际运用当中，自然可以明白。

（5）其曰五：步法

原文：步法者，寸、垫、过、快、箭也。如二三尺远，则用寸步，寸步，一步可到也。若四五尺远，则用垫步，必垫一步方能到也。若遇身大力强者，则用过步，进前脚，急过后脚，所谓步起在人而落过于人也。如有一丈、八尺远，则用快步，快步者，起前脚带后脚平飞而去，并非跳跃而往也，此马奔虎窜之意，非艺成者，不可轻用，唯远不发脚而已。如遇人多或有器械，即连腿带脚并箭而上，进前脚带后脚，如鹞子钻林，燕子取水，所谓踩脚而起之说也。学者随便用之，习之纯熟，用之无心，方尽其妙也。

注释：寸、垫、过、快、箭五种步法，只是几种直进的步法，不包括其他步法，是与人相搏时，根据距离的远近而选择的，文中已是交待得很明白，距离远近的不同，所要运用的步法也就不同。无论是左脚还是右脚，向前只上一步就能发挥作用的就称作是寸步。二三尺远的距离，一般体型的人上一步是可以达到的。四五尺远的距离，一步就不可能上到恰当位置了，这样就必须有一脚先上步，然后另一只脚接着向前上步，这就叫垫步。这种步法有二，一是先上前脚，再上后脚，过前脚落地。二是后脚起而上步，落于前脚之后面，前脚即刻再上，这一种上法也叫作击步。遇到身高力大之人，如果发力点是在其身前，恐怕难以撼动，需要进步过其平衡支撑点，然后发力使其失控。至于快步、箭步，基本是为同样的一种步法，箭步也就是快速的上步。距离太远是不宜直接采用上步进行攻击对方的，自身即使具备一定的功力，一般不会失其平衡，但是相距太远，上步速度再快也还

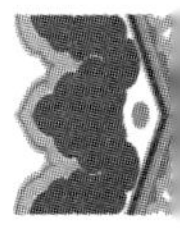

是需要一定的时间，对方的避让或其他变化是很有可能的，只落劳神费力而无结果。这几种步法各有其优越之处，是在平时练习时的用心体会，需要练到身、心相应的程度才行，并不是在关键应用时再去揣摩的。

（6）其六曰：手足法

原文：手法者，出、领、起、截也。当胸直出者，谓之出手，筋梢发有起有落。曲而非曲，直而非直者，谓之起手。筋梢发而落者，谓之领手。顺起顺落参以领搓者，谓之截手。起前手如鹞子入林，须束身束翅而起，催后手如燕子取水，往上一翻，长身而落，此单手之法也。两手交互并起并落，起如举鼎，落如分砖，此双手之法也。总之要肘护心发，手撩阴起，其起如虎之扑人，其落如鹰之捉物也。

足法者，起、翻、落钻、忌踢、宜踩而已。盖脚起望膝，膝起望怀，脚打膝分而出，其形上翻，如手之撩阴也。至于落者则如以石钻物，如手之落，如拂眉也。忌踢者，脚踢浑身是空。宜踩者，如置物于足下也。即足落如鹰捉是也。此足之法也。手足之相同，而足之为用，亦必如虎行之无声，龙行之莫测，然后可也。

解曰：手法足法，取其轻利活动，万不可习乎滞气，以自陷于败亡，所谓滞气不打人也。

注释：拳术中的手法很多，在此仅介绍一下出、领、起、截几种。从胸部向前直伸出去，并且能达到力点的，就被说成是出手。既伸，还没有全伸，力没有发至着力点的是起手。领，是有高起之意，筋梢者，就是说的手指，筋梢发起而落者，谓之领手。当出领手的时候，手到达位置，迅速发力，然后马上松劲，这就是有起有落。领搓，领是高起；搓，是不同方向的用力。截手，也就是有砍砸与拦阻的手法。两手同时上起时，如举千斤重物，下落的时候，意欲破砖碎石，其关键要领还是需要在出手时，肘要贴近肋间，以利于蓄劲，手出如虎扑人之迅猛，达到着力点后又像雄鹰抓住猎物时不肯放松地用力，说明要起得快，落得狠。

足法，要从起落谈起，脚向上提起时，高度是以对称一面的膝盖为标准。翻，要求脚面绷平，脚尖下垂并向内用扣劲，有使脚心翻转向上的意味，如撩阴手一样向上划弧而起。落时要有把石头踏碎的意思，实际是要求脚落要踏实抓稳，并要迅速着力。如手拂眉，是遇杂物侵害眼睛时，手以极快速度做出保护动作一样，但不猛狠，脚落要轻灵稳固。忌踢，踢即脚向上用力，这样周身之气亦必随之向上，身形也就有自然向上的现象，这样一来，整个身体就有像无根浮飘的萍草一样，气息上浮必失稳固平衡之根基，无须对手击打，便自倾跌。踩，为脚向下着力，还必须脚掌、脚跟一齐用力。虎行、龙飞，是一种形容，是要让脚的动作轻灵、快捷，对方不易觉察判断。所谓的滞气，就是意念气息呆板、不活泼，发放不灵不快，这是必须要注意的，如若不然，在实际运用中就难以达到理想效果。

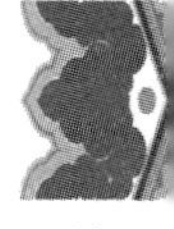

（7）其七曰：上法、进法

原文：盖上法以手为奇，进法以足为妙，总之以身法为要，其起手如丹凤朝阳是也。起进步如前步抢上抢下，进是后脚踩打是也。必三节明、四梢齐、五行闭、身法活、手足之法连，而视其远近，随

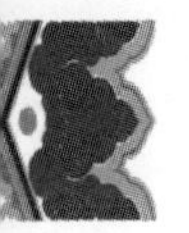

其老嫩，一动而即是也。然其方亦有六焉。工、顺、勇、疾、恨、真也。工，巧妙也；顺，自然也；勇，果断也；疾，紧急也；恨，忿怒也，动不容情，心一颤而内劲出也。真，发必定中，见之真而彼难以变化也，六方明则上法，进法得矣。

注释：所谓的上法、进法，实际都是在脚和腿的运动作用而完成向前移动的势法。这里讲到的以手为奇，以足为妙，以身法为要，手足之法连。总结为一个意思，就是手、身、脚（步）的整体协调一致，在确定了所审视的机会时，应采取上与进的方法，要达到如何的目的效果，手身步必须恰当地动作配合。三节、四梢、五行，是全身的上下、内外整体运动，既有顺序分明的起、随、追，又有内劲的发放表现，要准确地判断距离远近，来确定步法与步幅的老（超过）、嫩（不到位）。并能在一动之间使其全部作用到位，很敏捷、迅速。其中的六法也已经讲得非常清楚，勇猛、灵活、巧妙的方法来自刻苦的锻炼，能使身、心、脚、手自然而然地相互适应，毫不犹豫地快速行动，达到一发必中，不使对方有变化的机会，这就是上法、进法的诀窍。

（8）其八曰：顾法、开法、截法、追法

原文：顾法者，单顾、双顾、上顾、下顾、顾前后、左右也。单顾者，则用截手；双顾者，则用横拳；顾上则用冲天炮；顾下则用窝地炮；顾前顾后则用前后梢拳，或用前后斩拳；顾左右则用括边炮或括身炮。此以随机而用，非若他人之钩、连、掤架也。

开法者，开左、开右、硬开、软开也。硬开如前六艺之硬劲，软开如后六艺之软劲是也。左开用里括，右开用外括。

截法者，截手、截身、截言、截面、截心也。截手者，彼先动而我截之也；截身者，彼身未动而我截之也；截言者，彼言露其意而截之也；截面者，彼面露其色而即截之也；截心者，彼眉喜面笑、言甜貌恭而我察其有心而迎机截之也。

解曰：面笑不动唇，提防有意人是也。追法、上法、进法一气贯注，即所谓随身紧趋，追风赶月不放松也，彼虽欲走而不能矣，何患其杂艺邪术乎。

注释：顾即防，这里所讲的几种顾法中用的截手、横拳、冲天炮、窝地炮、梢拳、斩拳，以及括边炮、括身炮，皆都是少林武术中的打法，这并非其他拳中的钩、连、掤、架。具有武术知识的人很容易明白这个道理，钩、连、掤、架皆是防护动作，没有击打含义，这说明了少林武技是以刚猛直进为手段的进攻观点，还具有以打为防的特殊风格，只是有的人没能意识到罢了。

开法，开即为离，分离、远离、脱离都是离开的意思，左开、右开的里括、外括，还是没有离开少林宗法的打，是用里括、外括的打法使对方的攻击无效，离开我身之部位。硬开是以刚克刚，软开是以柔克刚之法，实际运用，还须个人悉心领会。

截法，截即是断，或为阻，这里所讲的截是拦阻的意思。彼已出手击打，须看其击来的方位，高来则用挑托之法，中间来的则用格拦之法，低来则用砍切之法，皆可截其攻击之势。还要看其劲力是横、是直，以便用横、直相截之法以克对方。在彼未动之时，我则可先取

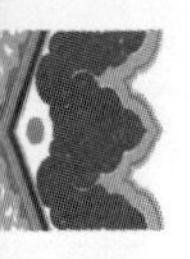

攻势以阻对方可能采取的进攻方法。至于截言、截面、截心之方法，则为语言犀利，面色庄重严肃，不为言词生念，不为面色生惧。我要心存机警，察言观色，当机立断，一旦遇有举动，就必须大胆进击，不能让对方脱离我攻击的范围。

（9）其九曰：三性调养法

原文：盖眼为见性，耳为灵性，心为勇性，此三性者，术中之妙用也。故眼中不时常循环，耳中不时常报应，心中不时常惊省，则灵性之意在我，庶不至为人所误矣。

解曰：临阵须提防，小心没大差。

注释：眼为视觉，可以观察任何事物的变化向神经中枢传导信息。耳为听觉，任何响动的声音都可辨别。所谓的心，即为大脑，是人体的总指挥，需要反应灵敏、指挥得当。调养，就是锻炼，使其成为习惯，成为自然而然。这里所讲的眼、耳、心三句中都有一个“不时、常”，还分别有循环、报应、惊省，多少人从字句中不能理解，实际前人总结已很精确，知识语言的文法使人难悟。时，就是时间，是光阴的移动；不时，就是时间上的丝毫不间断；常，就是不停不断。这就是说，眼耳心在时间和一定的范围内要不停、不断地观察、辨别、确定，采取正确的应对技术方法，才能保证胜而不败。

（10）其十曰：劲法

原文：夫劲寓于无形之中，接于有形之表，而难以言传，然其理亦可参焉。盖志者，气之帅也；气者，体之充也；心动而气即随之；气动而力即赴之；此必至诚之理也。今以功于艺者言之，以为撞劲者，非也；功劲者，非也；及谓劲、崩劲者，皆非也，殆颤劲是也。撞劲太直而难起落，功劲太死而难变化， 劲、崩劲太促而难为展招。唯颤劲出没其捷，可使日月无光，而不见其形，手到劲发天地交合而不费其力。

总之，运于三性之中，发于一颤之顷，如虎之伸爪不见爪，而物不能逃，龙之用力不见力而山不能阻，如是九法合而为一，而克人岂有不利乎。

注释：所谓的劲，是武术技术中要求的高层次的力量，虽然也是和力相通相似，但是比力的强度要大。通常的人体功能发挥是一种自然力，经过功夫锻炼，使人体各部位能超常发挥的潜力，叫劲。这种劲的本身是没有固定形状的，是随着人体姿势形态来表现的，比如直冲、横括、上挑、下砍，是都可以发劲的，用语言来表述是不能全部尽至的，因人和人的生理条件、素质状况均有差异。但是要想掌握这种劲法，必须遵循着能产生劲的方法、道理要求，去探索、去体验。意志是在心中蕴藏的一种概念，是生发气息的根本，气息充盈于人体各部，使得表现为有精神、有魄力。意念、气息、劲力具备，所形成的态势，并不是一般常见的功力那样，像说的撞劲、功劲、 劲、崩劲，这些都不是所要求的劲法。因这些劲法还都有不足的方面，不能使其人体功能充分有效地发挥。只有颤劲，就是突发快捷的整劲，使人看不清形状，不可猜测、预料。

以上所讲的十法能相互结合起来，将能得到不可想象的效果，像

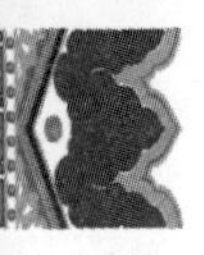

虎之扑食其他动物，虽不见利爪伸出，而被扑之物也难以逃脱；龙之变化，升腾，虽不见其用力而可上云霄。

2. 六合练身法

原文：手与足合，肘与膝合，肩与胯合，心与意合，意与气合，气与力合，左手与右足合，左肩与右胯合，左右皆同，内外尤当合，共十二合。

注释：在武术训练过程中，手身步是其外形的表现，手的高低左右是有一定要求的，什么样的步，手应该怎样与其配合。如果是弓步，不管是顺步还是拗步，手在上位，足在下位，其前后、左右的位置须在上下垂直线的点上相照应，这就是达到了手足相合。同样能使肘膝、肩胯相应也就自然相合了，这些也都是以上下直线而言的。心意是其精神状态的体现，只有精神贯注，意才不外散，气力也就自然充实，这也是其相合的标准。

3. 五官合心

原文：耳与心合益聪，目与心合益明，口与心合多益勇，鼻与心合多益力，手与心合多益疾。前不实则探，后不实则倒，不探不倒，方见四梢齐，此所合者何也，合之有所助也，譬如耳本聪，自有听声之用，再加心去听，则增益聪矣，余可类推。

注释：耳、目、口、鼻属外五行，皆有内窍相通，又各司其功能，各有其具体表现，如听、看、嗅等。文中所讲的心，是传统概念认识，是人体内在意识活动的形容，常说的有心志、心意、心思、心想等，耳朵以听声响来辨别事物和方位，用心加强听的能力，就能更清晰地加以辨别。注意用眼去看，使眼的视觉能力更加明亮，观察得更为准确，可丝毫不差。口是语言发出的器官，言语又是内心境界的表达方式，通过言语又能激发人的情绪，振奋精神的口号就能增加勇敢程度。鼻本为呼吸空气的器官，气又是力量的主管，有气则有力，能控制住呼吸节律、频率，就能掌握住力量。手的出入快慢也是受内心情绪的直接影响的，心中慈爱，行动就轻柔；恼怒，就会使动作疾猛。所讲这些相合的道理，就是为了加强其功能，以提高技术程度。

4. 严察交口

原文：欲与敌人相战，不可忘记交口，务要知其远近。一有所忽，远则失之于嫩，嫩则敌人易逃，近则失之于老，老则己身难起，若犯二病，难免不测之辱。

注释：将与敌人对搏交战之前，必须进行仔细地审视、揣度，采取正确的攻击方法，准确地判断距离，触及对方一定要恰到好处。如有丝毫的疏忽，就有可能在较远距离的情况下，上步的步幅、出手的长短很容易失误于不到位置，这样就能给对方以可乘的变化机会，或攻击我，或躲闪。如是距离较近，所取的方法不当，就会超越有效的攻击位置，而且我的势法变换又处于不利，受到了限制。如果有这两种不足的存在，就不可能战胜对方，甚或为对方所败。

5. 见死反活法

原文：战法最忌死势，或嫩或老皆死势也。势死故见输于敌人，若能反活，犹可取胜。如偶觉失于嫩了，速将后手往前紧抢，后腿往前紧追，庶可以求活。或偶觉失于老了，如从上进则用里束筋（劲）

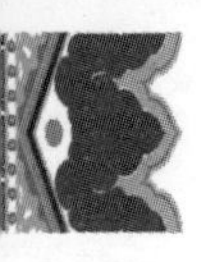

法求活，如从下进则用里扑筋（劲）法求活皆可。起横不见横，落顺不见顺，两手出入紧随身，脚心发气起，其起到昆仑。人有心，我亦有心；人无心，我亦无心；三起不见，三进不见，势占中央难变化，直起直落人不知，与人相战，须明三前，即眼前、手前、脚前。踩定中门去打人，如蛇吸食，势正者不上，势远者不上，两手不离身，脚手快似风，疾上更加疾，打了还嫌迟，起手三节不露形，露形不为能，内要提，外要随，打要近，气要催，拳如炮，龙折身，遇敌好似火烧身，内实精神，外示安逸，见之如伏猫，夺之如猛虎，布形气候，与神俱往，捷若腾兔，追形逐影，纵横往来，目不及瞬，若遇人多不用忙，打前顾后是老方，来来往往休停战，乍（诈）敌三方战一方。

解曰：一肢动则百肢动，手到不如身到，身到不如心到，先到一心，后到一身，能叫一思进，莫叫一思存。

注释：如果在与人对搏的时候，势僵法滞，不能灵活变化，是技术中的最大不利因素，每次有输于对手的，都是存在，并且又没有能够采取办法克服这样的毛病。如果能及时采取补救措施，或许还有扭转战局的可能。在手已出的瞬间，就该能意识到是不到位，或者还是超过了发劲的着力点，必当迅疾改变势法。如是不能触及对方时，则须疾速上步，手亦必须急往前抢；如是老了，进攻的又是对方的上部位置，则需急用束劲（身的势法大小、高低的变化）来争取达到灵活。如果是攻击的下部，就用扑劲（所谓的扑劲，是由高向下的用力，如虎扑食一样）来求活。因为这个时候对方在上位着意，而无下力，用扑劲则有效果。横竖起落，灵活变化，手是随着身体的变化而变化，周身之气机发动，下至脚心，上达头顶。观察、思揣着对方的心理变化，起落进退要尽量避免与敌正面对峙，如果自我暴露太多，有丝毫的变化就会让对方觉察到。眼前当视其应视之处，手前当击其所可击之部，足前当站其应站之位，以利于进退，方便于移闪。如敌势无破绽，距离又太远的，不可强攻，一旦有隙可乘时，那就要脚手相并相随，疾进猛击，既是打上对方也还嫌迟慢，手起三节虽有序，但是不可显露，就是所说的拳打人不知，拳打人不防。内提外随，形神合一，气力要随着身形而变化，手的出入要快捷得如炮发，如被火烧，精神集中，思虑慎密，镇定自若。审视的时候，像将要捕鼠的伏猫，攻击时要像捕食的猛虎，快速敏捷，随势变化，进退闪展，使其眼花缭乱，难以判断。如果是四方遇困则要恐吓三方，先胜一面，而我就有很大的回旋余地了。

周身整体一致，要动时全身就无处不动，但是只有坚定了进攻意识，才能促使身手齐动，在闪念之间，只能进攻，莫要停顿。

6.手法足法指（旨）要

原文：手起撩阴，足打膝分，膝起望怀，肘发护心。手之出入不离口，足之进退紧随手，足随手起，手随足落，手到步不移，定然打去迟。故曰：手起在人而落在于己，足起在人而落过于人，步则进尽退存，手则滚出滚回。

注释：人的两手自然下垂时的位置是在左右胯的两侧，武术运动中要求两手的抱拳位置是在胯骨上缘腰的左右侧。每当出手时，自

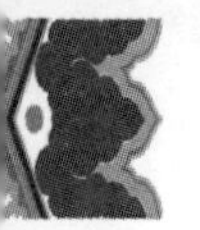

然的就有一种弧度由下向上，膝盖提起的高度位置要到上腹部，肘应当常抱于胸部两侧肋间，用肘打出时，只能低于肩，不可上翘，人体正直，眼向前平视时，其头面上的口即为左右正中位置，手出时在正中位置上，可使肩、肘自然地向里合扣，力量能够集中，不致分散。手的伸缩距离有限，而脚则可进可退，必要时还可连续移动，活动的范围无有限度，虽然手的变化比脚要多得多，但是没有脚作为支柱、作为保障，那么手也就显得无能为力了。手起时要根据对方的势法而定，就必然能为其主动，进步时要准确地判断距离，只能让其超过对方所处的位置，不能让其达不到，即所谓的过一尺跑不掉，短一寸打不到。进步可以大些，退步须小，以留再退之余地，也还要顾及到身体的平稳，手以滚而出，是便于伸肘、抖腕，突发颤劲，滚回是便于连续地再次出手而滚动，还有就是一旦被扼，可转化力之角度以迅速得到解脱。

7．身法指要

原文：身法者，起、落、进、退、反、侧、收、纵也。梢节起，中节随，根节追之，上提下坠中束练，动静呼吸一气练，身心一动脚手随，要将两手并一腿，前手领，后手追，两手互换一气催。

注释：所讲的身之八种方法（在以上的十法摘要中已经讲过了），即是起落进退，反侧收纵，这样的变化使得武术运动的内容充盈无尽，依照三节的顺序要领，上提下坠，使上下部的阴阳气息相合，汇聚于中宫，动则呼，静则吸，连绵不停，意念指挥着要动时，身体必动，足、手紧密配合，前后虚实交换莫测，做到气催力发。

8. 习搏指要

原文：艺以习而精，力以用而出，头束（缩）肩要提，气赘（坠）腿有力，举步妙存尽，滚手神出入，身动脚手随，手到步须移，拨拍分左右，挑接看高低，胸上定眼位，手出口不离，相交审接取，动静合呼吸，试观婴儿玩，天然最可思。

注释：武艺是在不间断的习练中得以提高，领悟其中的根本，掌握正确的方法要领，让力量按照习惯了的模式发放，渐渐形成了自然型，力量是越用越有。头束（缩）时，肩必然要向上纵，气就要上浮，不能达到沉实有力的程度。只有气向下沉，两腿的支撑力量相应地就能够得到加强，下盘稳固，力量充实，也就符合了技术的要求。举步妙存尽，这和前面手足法中的步则进尽退存能以同一义来讲，进尽是要把步上到恰当位置，退存是退步时要留有余地，手出入时以滚动来变化，自有其中奥妙。手、身、步必须协调一致，配合恰当，达到势正、劲整。手要达到其目的位置，是靠脚步的移动（或进或退）来做保障的。拨拍以顾左右，挑，防上劈，接，防下攻。眼的视点要注意对方胸部，因为手的出入都要经过胸部，是手、身变化表现最明显的地方，能观察到对方的变化，才能心中有主意。当出手时，肘要防肋，臂要贴紧胸部，手向上举，自然地也就接近于口了。要看准和掌握好接取的机会，紧密配合呼吸要领，不可使气乱喘而力竭。可观察一下一些小孩子无意识的戏闹举动，也是有其自然反映的巧妙之处呢。

9. 运气用气法

原文：每朝清晨，面向太阳，吸气三口，然后运气，下运至脚

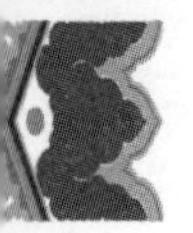

心，上运至昆仑，手之出入足之进退，身之左旋右转，起落开合，练成一气，习之纯熟，则三节明，四梢齐，五行闭，身法活，手足之法连，则是讲明眼位，分清把头，视其远近，随其老嫩，你来我来，你去我去，接取，呼吸一动即是矣。盖运气则贵乎缓，用气则贵乎急，取去则宜于呼，接来则宜于吸，身以滚而动，手以滚而出，捶打不见形，要在疾中疾，此中玄妙理，只在一呼吸。

诗曰：气出丹田手撩阴，气提手起紧附身，至口翻手随气发，气回手握步即存。

注释：每天早晨空气清新的时候，面向东方太阳升起的地方，加强自然呼吸的深度，连续几次，然后就可以进行气功的练习了，使气向下能到脚心，向心能到头顶昆仑穴（百会），手、身、步的各种运动姿势都要归结到一气的催促作用方面上来，只有多练才能达到精熟程度，才能具备三节、四梢、五行的作用要求。手法、身法、步法才能灵活，才能配合得当。要讲明白眼位应当看的地方，不管是平视、斜视、仰视、俯视，都要根据动作的需要而定。能准确地判断距离，才能采取相应的上法、进法，对方进退是我接取的条件，这也要和呼吸恰当地配合。在气功的练习过程中，是要用意念慢慢地引导，在运用的时候，才能让其说来就来。攻取目标时，手必然地是向外发出，须呼气；在接住和拿来时，手必然地是向回收，则要吸气。身手动时均须有角度、幅度的变化，以使其转动着进行出、入活动，特别是手的变化要疾快，不使其能看出变化的形状来。要想达到高标准的技术程度，还得要练好气功做其根本基础。

气是由丹田处随着手的运动，由下向上发起，气是运行于身的，而手的起，也是要贴紧身体的，当手上起到下腭处时，翻转推出，气发、鼻呼，待气催发至力点后，疾速收回，手亦收回抱于胸间或贴于胯侧，步则需要保持住已有的步型。

10. 纳气分路法

原文：气者，呼吸也；纳者，收其内也；分者，分明其气，不使其颠倒混乱也；路者，道路也，一吸一呼各有其路，不可以不遵也。法，规矩也，如身之束（缩）纵，步之存尽，手之出入，或进或退，或起或落，皆当一气贯注。而因何宜纳于吸之中，一吸即得，又何宜纳于呼之中，一呼而无失，接取之间胜败系焉，万不可以混施，吾见世之学艺者，或大小红拳，或大小通臂合习等。而问其气之何以运用，则曰：我未思也，否则吾已知之，或曰吾虽思之，而无以论之也。吾非习艺而精于气者，而愿以素所闻于父老者，公同好焉。

注释：所讲的气，是由呼吸功能的作用才得到的，是在人体内部根据属性的不同，分别为营气、卫气、脏气、中气等，这些气息、气机各有各的功能作用，并且还要让其顺着各自的运行脉络进行运行。按照呼吸系统的循环路线，使其循环规律逐步加强，不可盲目强行。无论是身法、步法、手法的各种变化，或是进退，或是起落，都是要让呼吸顺随着运动进行，以便于催形助力，以免出现差错和失误，这是决定技术的优、差和对搏较量胜负的关键。千万不能混淆它们的顺序，不能违背其运动规律。世上很多练习功夫的人，有练的是一个拳种，或者是一个流派中的几样技法，有的还是把多拳种和多门派的技

法集中起来，进行综合练习。如果要问他们气是怎样运用的，有可能说是还没有顾得上考虑过这些问题；或者说，虽然也想过，但是真正的练习和运用气的功能，还不清楚。虽然说我并不是练习得真正是有功夫的人，也更不精通于气功，但是我愿意把平常听到前辈们所谈论的有关话题介绍给大家，因为我们是有共同爱好的同道。

11. 练成二十四个字法

原文：扳唤搅撂（掠），移身闪站，有无虚实，筋（劲）擎懈绽，呼吸动静，迎风转换。

注：撂字，读音为料，是抛开或放下的意思，与文中叙述的含义不符，实际是“掠”字的误字。筋，亦为“劲”的别字。

（1）扳唤搅掠

原文：扳者，反手打去也，唤者，叫也，叫之动而观其何以来也，叫之动而即动，则将迎风转变，妙其术以取之可也。叫之动，彼不动，即便先人一着，紧人一步，遂使日月无光，而盲乎莫睹也。搅者，阻也，见其来而阻之，使不得前进也。掠者，搂也，乘其势而掠之，使不得不退也。扳唤使于未动之先，搅掠使于已动之后，必须观其头先来，手先来，脚先来，或高或低，或左或右，随势打势，得门飞入，最忌思悟，手起撩阴，脚打膝分，足起望膝，膝起望怀，肘起护心。

诗曰：未用扳唤先秀身，眼位身法要定真，迎风使去方为妙，接来送去始知神。

注释：武术技法中有一种手法叫扳手，就是用手背击打，在用的时候有的是出手即扳，有的是回手再扳，还有用其他手法变化而为扳手者，扳手是有多种方法的。唤为叫，用语言激怒对方使其动，或用势法引诱对方，就是常说的“卖个破绽”，以使其动，在对方移动时，我要把握好取胜对方的机会。如果对方不被我叫所动，仍处稳静固守状态，我便虚实并用，遮蔽对方视线，在他恍惚之际，我即迅速上步，贴紧对方，施展技法以取胜。搅，是用方法阻止对方的前进招式。当对方施法击打时，我便用掠手抵挡，使其后退，掠手有高掠手、低搂手，不低不高用平手的多种技法。在对方还没有行动表现时，我即用扳手击打或叫动对方乘机制胜，所以说，扳唤是使用于对方未动之前的。在对方采取进攻势法时，我即用法阻止其前进或用法逼其后退，所以说搅掠是用于敌方已动之后的。在这对搏的过程中，必须准确观察对方的任何部位先接近我之攻击范围，不管是头、手、身、脚，或是高低、左右，我皆应随着对方之变化而变化，也就是拳论中说的“从人则活，从己则死”，只要时机得当，就要毫不犹豫地快速进攻，手肘、足膝，遵循着要领、方法及位置、角度来进行对待、处理。

运用扳唤之前要先蓄势蓄力，眼要审视得准确，身法运用得当，根据对方的变化以施展我之技巧，是把对方引过来或是直接进行攻击，都能得心应手。

（2）移身闪站

原文：移身者，将身移于一旁也；闪者，闪其猛来之势也；站者，我必存尽，我步以站立住，而不至于倾跌也。盖交手之际，彼来

若缓，接法易见；彼来若猛，来势将直冲象，必恍惚难以提防，故见其扑身而来，即将我身移于一旁，闪其势懈其力，而乘机以取之也。昔人云：移闪之法最为出奇，战斗中之妙技，计谋中之仙着也。然亦贵乎善用焉，彼未来而先移，则失于早，早则见我移而不来，或变势而来。彼已动而慢移，则失于晚，晚则我欲移而不得，必要身受其毒。用此术者，须将眼位讲明，身法辨明，步法分明，手法说明，提坠术熟，呼吸气练，迎其风而闪之，乘其间而取之，一存一尽，一动一静，而功捷矣。所谓捶打人不防也。

诗曰：捶把妙术在移闪，动静呼吸一气连，来来去去须随便，尽在接取玄妙间。通臂名移闪，心意号腾挪，近移接取便，远挪找（遭）不着，一气通天地，两气隔山河，密云蔽日月，总为妙术多。

注释：移身就是当对方强力攻击时，为了避其锋锐，须把自身由原来位置移动到对方攻击不到的位置。闪是比移的距离、幅度或角度要小的移动，是带有突发性的移动，以使对方攻击招式落空。站，是步之进或者退，必须使其恰到好处，能够保障身体的平衡、稳固。在双方对搏时，对方的攻击势法缓慢，我可以分辨清楚其势法，便于采取措施应对。如果对方的攻势快猛，来不及思考就已到眼前，动作形状也没有办法辨别，很难做出有效的防护措施。所以，对方倾力施法攻击时，我必须用移闪之法使之势法落空，力无着处，我可乘机取胜于对方。前人也曾经给予过很高的评论，说是：移闪的方法，是出奇制胜之法，是对方预料不到的巧妙计谋。但是必须得能掌握好时机，移闪得过早、过晚都不行，早了对方不再进攻或用其他方法进攻；晚了，对方的攻击已经奏效，我已受到伤害。因此，要分辨清楚手、眼、身、步的做法与用法，掌握好提坠相合、呼吸配合的方法，要避其实，击其虚，把握好步的进尽退存、姿势的动静变化。这样一来，技术的效果就明显了，也使对方难以防备了。

（3）有无虚实法

原文：有，力至也；无，力抽也；虚，势中有玄而若虚也；实，势中无玄而若实也。盖人已交手之际，将势踏定，看着无力而势虚，却又有力而势实，以为势实而有力，却又无力而势虚，时有时无，忽虚忽实，运用之妙施于一身而抖擞之威灵于一心，即所谓不滞于有，有沦于无，运实变虚，以虚为实。如与人相交，不可妄动轻进，要将我身秀（袖，为藏）住，上提下坠，手不离口，前领后追，足紧随身，退存进尽，眼为见性时常循环，耳为灵性时常极应，心为勇性时常惊省，蓄我势以养精灵之神，则见可进而进，接取必符，不然恃其强壮而无门亦可进，有不被人所败者寡矣。

诗曰：拳把莫轻言交人，滞气不化最可怕，若能会透变化理，妙术不落他人下。

注释：有，则是力量已经到达充实；无，力量没有达到或是充而松弛又回归于原处；虚，势法还没有完全形成，还有再变化的余地，还没有达到气发力至的程度；实，势法已经固定，做到了气催力至着力点，有刚勇的表现。在与人交手时候，必须做到势法分明，虚实并用，善于变化，力量的有无莫测，不被所料，灵活的姿势变化是身体素质的表现，气以催力，精神振奋，是心理素质的表现，能内外合

一，掌握好虚实变化，手、身、步动作一致，眼的观察，耳的听闻，心有主见，蓄势蓄力，见机行事，还要遵照技术要领。只凭莽撞，不遵规矩，不掌握利用机会，盲目从事，强攻硬进，这样不失败的人是很少的。

（4）筋（劲）警懈绽

原文：筋（劲）者，接其来而劲之也；警者，执其肱而轻扶之，以忖其来力去力也；懈者，散也，散其来力而使不得来前也；绽者，过硬挡，即反手转进也。然解懈之也，绽之以闪懈之也，推之或则点退，或斩截，或则移身转身，以及搅掠搂劈，挑押（压）钩挂，拨拍驼（托）架，冲握括挎等，凡接取之妙无非懈也，其法要贵善用焉。

诗曰：上提下要赘（坠），身进脚手随，接取合呼吸，定送暴客回，莫忘撩阴手，勤走十字路，拳把玄妙理，尽在此中伏，人言捶打十分力，一遇懈手不敢出，验过四两拨千斤，方知他力助我力。

注释：劲，是在接取到对方冲来之力时，而顺势加上一些劲力进行牵拉，使其不能自主而失控；警，待沾住对方臂膊，稍微用些力来进行试探对方是否用力，或大或小及方向变化；懈，就是分散或化解对方之力；绽，即是空隙、破绽。当对方乘机打过来时，我来不及化解，只能用以刚制刚之法，你打我也打，采取硬进也是使懈无效的方法。按以上几种技术方法来进行推测理解，那么就不论是点退、斩截、移身、转身，或是搅掠搂劈、挑压勾挂、拨拍托架、冲握括挎，都可以用懈法来巧妙地进行化解。上提下坠为阴阳相合，手身步协调一致，呼吸要随着手的出入变化恰当配合，如能这样，即便是遇到力大势猛者，也不难抵挡。要遵照出手法则，掌握上步技巧，这就是战斗能力的根本，奥妙全在于手法、步法的变化。若是遇到对方善用懈法，那就不要盲目出手发招，因为能巧妙地运用四两之力，则可拨动千钧之势，这就是借力打力的方法。

（5）呼吸动静

原文：呼吸者，气也；动静者，心也。心一动而气一吸，则无力，而势虚矣。心一动而气一呼，则有力，而势实矣。然静要专一，动要精神，吸必紧急，呼必怒发，心为元帅，气为先行，目为旌旗，目若恍惚，指示不明，则动静失宜，呼吸倒置，阵必失矣。习此艺者，先要讲明眼位，视之不至（致）恍惚，则目之所注，志必至之，志之所至，气必随之，心一动而百体从令，振其精神，扬其威武，动静呼吸之间而接法取法尽纳于一气中矣。所谓捶把尚一气，两气不打人者，此之谓也，身之起落、步之进退、手之出入等，法活而气练，来速而去疾，不战则已，战则必胜矣。

诗曰：拳把若不知练气，总有仙着不足恃，头束（缩）肩提步存尽，一动一静一呼吸。

注释：人的呼吸是进行空气交换，产生功能物质的一项呼吸运动现象，心理意识可以决定人的动静行为。当处以静态时，气不发，力也不至，而势亦虚；动，则气发力至而势实。然而，在静处之时，思虑慎密，注意力集中，当动之时，就要精神振奋，威武雄壮，吸气时则势收缩，速度要快，呼气时则势法要展放，气发而迅猛。心意指挥着气的运行，力量的聚散，眼睛的审视。又特别不能让眼的审视不清

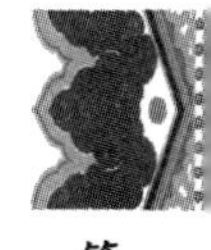

楚，不然的话，就会使心意判断错误，指示不明确，致使动静变化不当，呼吸错乱，如果是布阵对垒也必然要失败。所以习艺的人，首先要讲究的就是眼法、眼位，只有看得清，心中才能明，才能使指挥得当，整体协调一致，无论是精神和技术的表现，或是动静、呼吸变化的巧妙，都是真元一气的催促体现，手、身、步的方法实施，也是气的聚放灵敏，来去迅速，战必能胜。

（6）迎风转换

原文：迎者，向前接之也。风者，彼来所带之风气也。转换者，改变也。言见彼之来，接其风而改术之，以取之也。如初用扳进，见其来接，即改绽进或改搂劈，或用搅掠接取之术，变化无穷，不可执一而论也。目前用拍拨扶搅带回掠，搂劈与勾挂，挑压走错（搓）摩，上顾使冲炮，下顾拳用握，前后用梢拳，左右里外括，上括下要挎，前扫后用括，前来宜进踩，后进宜回踩，捆架向高起，按捺往下落，下打要用劈山，上起必挑擢，单鞭与斜行，有开自有合，顺横两相制，贵要身法活。

诗曰：上法须知先上身，脚到手到方见真，接来送去得秘法，艺到变化自如神。

注释：迎，我要以办法应对从对面方向而来的力或势。风，是大的气流活动，这里所讲的是武术技法中的一种态势，比如形容其他的动象说法那样，如风格、社会风气等，这也就是说的对方进攻所带的形象风气。转，是方向的改变；换，是招式的变化替代。所以说，在技术较量时，要根据对方进攻的势态（势就是动作形状，态就是变化和速度），应采取的对付办法，以便取得胜利。如果我采取一种进击手法，对方必定也要设法阻挡。这时我就要改变方法，决不可强进硬攻，因为武术较技是尚巧不尚力，变化是无穷无尽的，不能只限于一招一式。无论所用的横掠、竖劈，以及前后、左右、上下的各种攻、守招式，也都有相互的关联。更重要的还在于势法的开合与横顺变化，还有气的阴阳转接，力的聚集发放。

技术标准也就是以气顺畅，力充实，形体协调，敏捷来衡量的。

二、少林福居十八势打法歌诀

福居禅师删集著有手法十八家，说是福居禅师集武术名家于禅院，各献其技，取其精要，亦谓十八势打法。

手法十八家名人，其他多种刊版不尽其详，不被人知，十八势打法歌诀与人名顺序排列之先后，亦不相符，有混淆、错乱之弊端，读势法之名称而不知始于何人之创举。今以愚钝，悟歌中之意，悉心比对，按姓名之先后，列出势法之序。

再者，文中有些字为谐音、别字、缺字，都用（　）括号做了标记，敬请读时加以斟酌。

1.手法十八家

以太祖长拳起手，韩通之通臂为母；

郑恩之缠封尤妙，温元之短拳更奇；

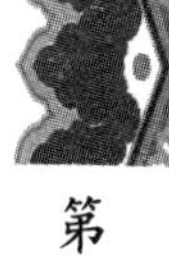

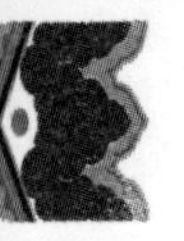

马籍短打更甚奇，孙恒之猴拳且盛；

黄祐之靠身难近，绵盛之面掌飞疾；

金箱之磕手通拳，刘兴之勾搂探手；

谭方之滚漏贯耳，燕青之沾拿跌法；

林冲之鸳鸯脚强，孟甦之七势连拳；

崔连之窝里炮捶，杨滚之捆掳直入；

王郎之螳螂总势，怀德之摔掳硬崩。

2. 十八势打法歌诀

（1）转身搏虎势

太祖长拳实堪传，八步六面实可观，

七星四手居中间，左右斜步两底然。

势要下（压）身法（正），左右跨虎（步）蹬山，

圈捶一步转右边，倒面（蹿）跳（皆）周全。

（2）夜行回手双赶月势

夜行回手双赶月，采用蹬掌取（腰）肋（手、首），

入步蹲身破叉腿，通臂连环人人怯。

百（发）百中手无空，奥妙无穷随手灭，

千头万绪难遮挡，暗藏通臂看不彻。

（3）回马连环转势

回马转身连环（蹿），对心入捶劈面掺，

须要（后）手跟（前）手，左右盘肘实堪观。

前蹬后扑翻身走，猛虎扑食手当先，

韩通一根通臂骨，预备缠封放心宽。

（4）铁牛犁地势

铁牛耕地付拳短，纵步起手取虎眼，
回马一步连环脚，青龙摆尾回身转。
纵步蹲身卧地捶，硬崩实砸取虎眼，
双拳连步取中间，左右斜横两步闪。

（5）长拳入手势

长拳入手实堪夸，韩通玄妙眼乘花，
回马翻身撩阴脚，崩（格）合手更不差。
铁牛（一步）下底势，泰山压顶摘金瓜，
蹲身拢头心窝打，摔将一捶出取他。

（6）撺捶付裆势

出手眉头先下掌，左右撕掠迎面闯，
迎面（后）手跟（前）手，偷手漏手叠双肘，
黄龙翻身双擒将，霸王拽弓入单手，
搬肩采手忙起膝，倒提翻身回马走，
夜叉探海手扑地，纵步起手打锁口。

（7）跨马提纲势

逼住双拳紧伏底，身（起）手（出）打双膝，
拔步缠揽靠身撞，翻进中门起头膝。
迎面一掌打肫肘，回马偷手海底走，
蹲身起步即（蹿）跳，翻身摆尾连步出。

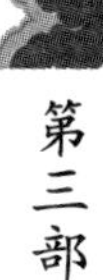

左右骗马下底势，朝天一柱千斤举，

翻身偷步踩子脚，一并双（捶）随腿出。

（8）仆腿扶巨势

仆腿却是盘跌势，双捶过脑当顶盘，

盘起左边转右边，翻身拔步连环（攒）。

合手一步倒提杵，崩掌缠封铁门闩，

翻身车轮倒取卵，迎面直（捅）顶背拳。

翻身一步再提肩，提步回手（急）忙还。

（9）高吊背弓势

付手入拳撩阴脚，左右皆是燕子啄，

回身一步迎面罩，中身见捶急忙磕。

里外两门加扑按，回身转（接）踩子脚，

起身回马掌合手，（蹿）跳身出手崩（格）。

（10）夜行擂身势

回马付手入反掌，提步摔掠迎面闯，

勾搂通臂连三掌，挑手托肘铁门闩。

头捶起膝两盘肩，大鹏挺翅回身转，

双手抱月取心尖，青龙摆尾鲤鱼翻。

（11）跨马大刀势

出手贯来用回掌，提步回手窝肚闯，

截手回马闯一步，随身入手取腮（帮）。

合手（探）手使背剑，偷手连步手连肘。

（两恍）摆尾缠腰蹬，仆跌（力兼）艺全使。

勉强鹞子翻身起，手脚任他滚跌当。

（12）仆腿盘跌势

左右盘缠里破膝，拔步连滚翻身起，

回手一步迎面罩，野马上槽紧伏低。

一出一入回身转，开合收闭打对膝。

沾衣却有十八跌，鹰拿燕雀双手举。

（13）金鸡独立势

二郎担山实不忙，金鸡独立（在中央），

怀中抱月挂面脚，反身一捶下底堂。

蹲身出手迎面掌，左右骗马腿发狂。

出手拗步即双掌，似封似闭短付长。

若能学成太祖拳，招前挡后一堵墙。

（14）撒马大刀势

一并双拳起当空，崩砸捽掠加缠封，

回身出手撩阴脚，金鸡独立取（当）中。

斜手只用骗马势，翻身偷步野（鹊）蹬，

搬住脚弯破骨跌，底堂却用两脚撑。

中平站定连拳势，（恰）似霸王硬上弓。

（15）闭手入掌势

闭手入势掌当先，窝里（炮）捶加缠拦，

还势泰山压顶盖，回马转身倒取卵。

六回还同八步妙，前后左右滚连攥，

四封（掠）手（使）背剑，霸王举鼎（力）当先。

反身猛虎扑食（进），对手入肘劈面搟，

须要（后）手跟（前）手，左右盘肘实堪观。

（16）骑马变勾势

骑马一步用变勾，（夹）肋一捶（急）忙收。

天然一根通臂骨，招前挡后闯幽州。

提步回手翻身闪，双拳护耳似蟒（蹿），

（捅）拳最忌缠封破，穆陵关前把名（传）。

（17）崩腿拦心势

六回连通八步，前后左右皆然，

扫蹚八步滚连钻，防备苏秦背剑。

左右弹马起腿，霸王举弓当先，

棍将内藏崩（格），总势入步倒转。

（18）仆腿鞭掌势

仆腿鞭掌下底势，拽拳蹬尽全身力，

转身起腿窝肚捶，反身（蹿）跳忙收闭。

转身偷步踩子脚，底漏尖尖加崩（格），

内藏一根通臂骨，左右插花燕子啄。

乌龙探手三转身，中堂站定连手磕。

三、少林两仪门拳法

1. 少林两仪门拳法序歌诀

我拳一路两仪劲，二路朝阳日初升，

三路通臂身法活，四小洪拳创关东，

五大洪拳乾坤定，六路心意神兼形，

七路七星练法妙，八路梅花变化精，

九路太祖打法好，十路罗汉圆满功，

诸路拳法皆练熟，还须功力来补充，

阴阳奇正多变化，浑元一气入仙境，

练家必得用心记，不谙此诀非门生。

2. 动作名称歌诀

第一路（两仪劲）

并步身直正站立，丹田提气肩膀聚，

两手上提腿稍曲，目光凝聚要平视，

气发两手向下抢，全身震动气催力，

左上右上马桩步，左右平伸手臂直，

突然合胯向右转，左手撩劲随身出，

蹲身马步单鞭势，右腿虚步双手劈，

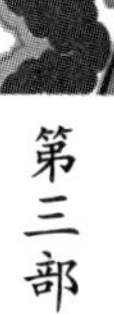

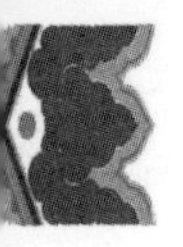

进身弓步斜形势，转身桩步更为奇，
高探马步用合抱，二次斜形又一势，
正身下压拦马掌，高虚步法往上起，
拳掌抱胸有威仪，手放立正还原势，
此法练出阴阳劲，强将一见也回避。

赞曰：

大明王朝武状元，两仪劲法世间传，
此功本为击穴用，术中神奇妙无穷，
内外上下合一体，心动身颤此劲出，
学子若欲掌此艺，虔诚刻苦无须疑。

第二路（朝阳拳）

并步抱拳切右掌，云顶弓步双手抢，
退步防踢两手按，转身锁喉下摘裆，
盖步坐盘前切掌，提步震脚聚手炮，
提膝独立打虎势，蹲步七星向前瞧，
双龙戏水撩阴腿，回身抱头双手推，
二起采脚真响亮，左手掠挽右拳撞，
退步翻身迎面照，左手劈掌窝地炮，
起身震脚冲天炮，进步掠手连环炮，
仆腿下势右手撩，起身架打定不饶，
换步仆腿须弹跳，进身马步打肋梢，
左右换势撩阴腿，上步狮子大张嘴，

转身分膝双掤架，掠手震脚冲一捶，
蝎子卷尾连手炮，二起飞脚响惊雷，
梅花卧枕二出手，双龙戏水显神威，
掠手桩步聚手炮，跳步坐山舞花捶。

赞曰：

朝阳拳法少林传，代代习练在嵩山，
若想得到艺中趣，树立信心是关键。

第三路（通臂拳）

右掌横出砍耳门，左掌穿出下颚寻，
独立亮掌向左看，仆步掠手冲右拳，
左脚收回蹲桩步，丁步打虎真可观，
进步掠手单拍脚，轻身快进冲左拳，
转身弓步虎爪掌，连步抓脸又单鞭，
束身抱拳方向辨，起身掠手敌胆寒，
飞脚咽喉掌须探，弓步架打紧接连，
马步砍掌防下进，滚身击打砸左拳，
掠手冲拳逼敌退，马步拉弓击肋间，
翻转御敌砍双掌，虚步变弓冲一拳，
擦掌须防敌扼腕，右打单风贯耳拳，
回手大象把鼻卷，乘机落步打一拳，
左掌探出把腕缠，浑身着力砸右拳，
右手撩阴须变掌，进身马步打肋间，

起身砍掌耳门探，提膝亮掌实可观，
盖掌进步打二起，落地仆腿双手按，
起身抛拳击脸面，偷步偷拳击肋间，
脱袖弓步击一拳，分膝退步束身站，
提膝挑裆拳打肋，向上分开盖顶拳，
双手裆下拍蝴蝶，一虚一实击肘还，
上步两抢莫停站，旋风脚声响连天，
仆步亮掌随后接，起身舞花是坐山。

赞曰：

通臂拳法韩通创，艺中练法实在强，
后传少林寺中僧，历代演练得发扬。

第四路（小洪拳）

月明如镜怀中抱，白云盖顶向左瞧，
出手推掌须用力，退步束身像伏猫，
起身又把掌来探，转身顾后也须要，
提腿掤手摆莲脚，斜形前后能顾着，
退步压肘挡敌进，进步劈腿敌退缩，
单鞭稍拳前后打，狮子开口真可夸，
进步云顶七星拳，马步单鞭稳如山，
稍退即进挂面脚，冲天炮捶打下腭，
后起撩腿蝎子尾，双抢咽喉弓步落，
两退一进得妙法，双手扳出面开花，

转身再来捆腿势，双摆莲儿更不差，

上架还须出左肘，退步束身右肘压，

再上劈腿盘肘势，反身张嘴露虎牙，

云顶七星连步上，马步单鞭左右撞，

束身再进采脚响，提膝推掌前后抢，

左起采脚把步落，前推后推莫停着，

使个海底捞月势，独立观望变化多，

夜叉探海聚手炮，冲天炮捶向上擢，

提膝探手耳门炮，敌要近我无奈何，

转身云顶拳砸掌，舞花坐山似哪罗。

赞曰：

宋朝太祖赵匡胤，宏大意气要发奋，

打关西又闯关东，小洪拳枝实为精。

第五路（大洪拳）

白云盖顶把势起，弹跳仆腿往下取，

起身打个盘肘势，双手云顶世间稀，

丁步七星肋梢击，怀中抱月左步虚，

进步掠手冲天炮，三退三冲手不离，

再退虚步来打虎，三进三砸势法奇，

震脚打个双擢手，连步云顶七星势，

单鞭转身怀抱月，扳手回头望月势，

插步扒手连三个，震脚虚步撅扎地，

跃起向前打仆腿，起身盘肘打得急，

猛虎出洞翻身跳，并步一蹲聚手炮，

起手一拳打面皮，十字采脚连二起，

翻身打个旋风脚，接着老虎大坐窝，

滚身劈打窝地捶，捶拳接下用仆腿，

肘打随身往上起，踢折胫骨使弹腿，

右脚再弹双手抢，落脚抱头反身推，

弹跳退步两手按，弓步打虎也可观，

仆步穿掌向前闯，二起飞脚打得响，

右脚一震是坐山，太祖洪拳少林传。

赞曰：

赵氏太祖坐九朝，创大洪拳艺法高，

寺僧得之苦演练，强身健体为至宝。

第六路（心意拳）

左横右横人少见，面上捶拳势法仙，

震脚蹲身聚手炮，右跨一步七星拳，

马步拉开单鞭势，左切右切掌连环，

落脚左弓使架打，并步左右两砸拳，

右扳左掠弓步打，束身拗步用单鞭，

右手撩起打顺势，挽拉下压架打还，

转脸似败急忙走，旋转蹲身二起连，

仆步切掌里合腿，用肘击打要合肩，

并步砸拳又一势，右扳左掠冲一拳，
蹲身转脸斜形势，右手撩起砸左拳，
咽喉耳门高弹腿，旋转身子仆步按，
起身击步腰间踹，撑膀一变下取卵，
再来并步双拳砸，扳手目标是迎面，
掠打接下空手滚，盖步转身冲一拳，
上步震脚坐山架，两仪六路心意拳。
赞曰：
心意拳术心意定，内具精神外练形，
三节四梢并五行，身法敏捷技艺精。
第七路（七星拳）
两边云手世间稀，精神抖擞势法低，
抓面取咽旋风手，击胫挑裆用脚踢，
袖身虚步猿猴势，盖顶压来横拳击，
摆莲落脚离中线，架打砍掌莫迟疑，
合身中间聚手炮，砍踢肘击扳面皮，
身子一转撩阴脚，飞脚高打咽喉取，
反身猴子连观望，弓步打虎势法奇，
转脸束身用虚步，上抓下踢急中急，
来个卧枕三出手，束身又抢踢一足，
搬拦一捶摆莲脚，横跨一步捶打出，
中间合身聚手炮，马步切掌防右膝，

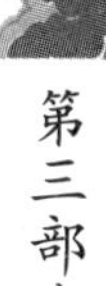

肘打胸肋须发劲，反手扳出打面皮，
二起采脚要打响，弓步单鞭两侧击，
转脸束身仔细看，上步腰中打一拳，
向前扫腿势要下，震脚一步是坐山，
此拳名称君若问，两仪七路七星拳。

赞曰：

七星拳路练法妙，犹似龙形北斗星，
左右前后上下顾，久练自然能成功。

第八路（梅花拳）

虚步起势双开扳，下出踱腿上摆拳，
马步侧击腰间打，回身盖步使坐盘，
折身一起虎出洞，转脸虚步抱双拳，
弹跳仆腿按双掌，起身叠肘击胸间，
独立打虎真奇势，反身仆步双手按，
弓步掠手右拳出，左拳打出十字弹，
两进桩步用架打，右转身子双摆莲，
束身跨虎丁字步，跳起仆腿攻下盘，
弓步冲拳双劈腿，云顶进步双手推，
左退一步后砍手，右进斩手接连催，
身子下压后腿扫，起身分膝连三推，
旋风脚接望月势，二起独立展翅飞，
跃步进身下蹲势，迎敌攻我蹬后腿，

反身出洞如猛虎，搬拦撑掌往后退，

蹲身栽拳窝地炮，身子一起冲天捶，

右腿向前打扫堂，桩步提桶肘连捶，

两仪八路梅花架，舞花坐山有神威。

赞曰：

梅花拳术变化精，手眼身步寓其中，

灵敏刚健显威武，多熟巧练出奇能。

第九路（太祖长拳）

长拳打法实在好，十字闯步走两遭，

饿虎扑食向前进，右手一扳面上寻，

掠手从下往上起，缠住手腕休脱身，

整身下压可断臂，武松脱铐肘打人，

桩步擎天双手举，左掠右砸又撩阴，

右打二起接合抱，转脸抱拳又束身，

下栽上擢双拳势，转身双格挡敌进，

前打后撞回环手，猛然回头用扳进，

右脚一退再进步，两手合击小腹部，

进步冲炮向上打，虚步抱拳又转身，

栽擢双拳又一势，拗步桩定拳抱心，

十字梢拳前后打，接连三拳面上寻，

前虚后实拳合掌，脸上一晃下掏心，

左起踩脚要弹跳，接下两个窝地炮，

使个燕子三抄水，贴住身子用虎靠，
束身下压预备好，进步就打耳门炮，
桩步前拳后用肘，双手虎扑带步走，
两手抱膝向后蹬，身子放平拳前冲，
进身垫步用裹炮，转脸束身双拳抱，
飞脚咽喉抢一掌，马步挽拉把弓张，
身子一转用滚翻，再进一步是坐山，
两仪劲法合长拳，练遍环宇人称赞。

赞曰：

太祖短打属上乘，悠然稳健如龙行，
势如波涛现无尽，熟掌此艺为英雄。

第十路（罗汉拳）

罗汉拳法出佛殿，世世代代少林传，
掠手蹲身右拳摔，弹跳扑腿双手按，
起身并步阴阳手，仆步切掌取下边，
弓步冲拳后砍掌，古树盘根击左拳，
左跨马步偷手打，单风贯耳两腿弹，
落脚转身是虚步，两掌十字抱胸前，
击肘追着上下打，左掠回身用坐盘，
夯地两拳连着上，丁步蹲身向后看，
迎敌来个后蹬腿，向前一腿踢脸面，
坐盘罗汉大睡觉，猛醒转身击左拳，

向前一步栽双拳，回身马步把掌探，

并步蹲身聚手炮，双拳拄膝稳如山，

雄狮抖威毛发竖，腋下偷掌连着步，

退步换手后摆掌，左跨一步前扫堂，

击步仆腿再冲捶，转身独立拳心对，

左脚一弹把步落，右脚后蹬紧接着，

顶肘上步推一掌，右脚踩脚连天响，

左手回掠独立势，三角拗步两栽裆，

左右腿法用侧踹，落脚叠肘加反背，

卧枕出手再望月，双拳抱膝把柴攫，

束身猫手双拾脚，后蹬前打二起脚，

少林两仪十路拳，哪佛武姿是坐山。

赞曰：

佛殿修就罗汉体，坚如钢打与铁铸，

站立身直似松柏，坐如金鼎力难移，

抖身好比机灵颤，精聚神会有根基，

朝暮莫闲多锻炼，悉心体味真武艺。

四、说少林之把

“把”是嵩山少林寺对武术演练中的一些攻击性明显的招式之称

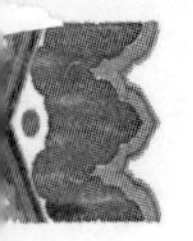

谓，也就是社会上流传于武术界中，不公开、不普遍、不轻易传授的一些招式，俗称为“绝招”“手式”，南方有的叫“拆手”。这些名称似乎也有道理，特别是“绝招”，更有点神奇。

把，是掌管、握持、控制、处理的意思，也指精通和掌握技术奥妙的人，如武术中的练把势、打把子，还有其他的车把势、船把势、农民的庄稼把势等，这都是对技术娴熟，能巧妙运用的人的形容、称赞。少林寺院的练武先哲们经过汲取、实践验证，就把一些招法定名，叫作“把”，此即是“把”的由来也。

今把能练的“把”用歌诀列述于下：

1. 心意把

前拐后跛走中间，恰似孙膑瘸腿仙，
人不留心我有意，乘虚击打两边闪，
下打挑裆用提腿，上打颜面是拳擓，
敌倒敌退我不管，接着肘击反背拳，
左右击打向前闯，弓步攫手回身转，
熟能生巧须勤练，此把世称妙中玄。

2. 虎扑把

下势一抖要束身，目光凝聚四方寻，
步似龙行追风快，两手左右前后摆，
身形步法要稳健，十个手指如打颤，
一步攫手回头看，好像猛虎下了山，

互换两手打脸面，手回合身打丹田，

向前扑去步要快，轻身纵跳可击远。

3. 贴身靠

两手先后砍脸面，步法左右须互换，

步收手回贴着胯，向前向后都一般，

格开对方攻来势，上步扣紧莫松宽，

回手叠肘打胸部，下边一掌击丹田，

气放势展用上力，管叫倒退仰面翻，

此法就叫贴身靠，日日操演莫偷闲。

4. 小鬼撺枪

手势变化无穷尽，腿法巧妙能打人，

折胫击裆用脚踢，我身稍懈忙连利，

伸手扼住踢来脚，怀里一带用力拖，

拽拉来去失稳固，手拍脚掌送必出，

敌似浮萍顺水去，跌出要到一丈二，

小鬼撺枪势法好，用心体验莫迟疑。

5. 移身闪站

向左一闪向右闪，束身下势猿猴蹿，

身子一长是拗步，两手一出如单鞭，

格开敌人冲来拳，压住臂膊扼手腕，

稍一用力彼必翻，再变还有势中玄，

后手一推掐下颚，前手击打后脑勺，

拗身合力只一抱，好似老君葫芦倒，
再则进步猛转身，两手上下向外伸，
脑后砍瓜使劲打，腋底偷桃裆下寻，
移身闪站多变化，方家称作把中把。

6. 丹凤朝阳

左步上来右步上，两手前后一起抢，
前手本意在接取，后手托肘臂膊伤，
要是前手用缠腕，上步后手击耳旁，
挑托接取加缠挂，用法还须细思量。

7. 偎身靠

飞步进击能制远，左右靠身向前蹿，
臂膊肩膀往上打，贴近臀胯击中间，
脚向前进使勾绊，脚向后去就用缠，
全身上下齐用劲，管叫敌人顿时翻。

8. 小瞄子

逢中而躲逢中闪，强弱相交须周旋，
两手虚实要互换，避开正面击侧面，
不打腿胯和胸腹，不打手臂与脸面，
瞄准气门一个位，阴阳劲出莫迟缓。

9. 大瞄子

看似向右实向左，飘渺忽闪没法躲，
身高力大难较量，不可勉强来相撞，

闪开中宫进边门，目光只在肺华寻，

手打面上移眼位，抖身劲出只一捶。

10. 高低瞄子

高低瞄子有大用，正面侧面都能攻，

上出虎爪抓脸面，提腿挑裆在下边，

趁敌一时计谋乱，进步一捶打中间，

遇到从后来追赶，必须连利身子反。

五、 关于“点穴”之说

中华大地上人类的发展历史，源远流长，文明进步，世界瞩目。在这漫长的发展过程中，一代代众多的智慧人群中，曾出现过很多为了保卫国家安全献身战阵的英雄，也有为了个人尊严打抱不平、行侠仗义的仁人义士，还有为实现个人目的之普通常人，他们都有一个相同的追求目标，那就是武学功法技术。

武术的产生没有确切的时间，只有后人的认识推测。在沿袭发展中武学功法技术水平得到了相应的提高，时至今日，武林界中各系的拳派已基本达到完备程度，但是人们心目中还都崇尚着一个神秘目标——点穴。

1. 点穴（击穴）

点穴一词的出现，在社会的流传中亦相当久远，但在历史文献

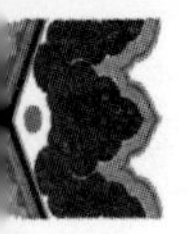

中还没有详细的记载，只有小说中作者丰富想象的影绰描述。任何事物都是由人们的想象进而实践、发展而成为现实的，武术在其悠远绵长的历史进程中曾出现了无数的名门大家，也创演出了超人的技术成就，但点穴之法因其神奇妙用，都秘不外宣，也更不做文字表述。点穴的传闻颇多，有说是人体气血的流向首尾是取穴的依据，也有说是时辰决定人体盛衰状况穴位能刺激人体的，还有说武林中人都有一个忌穴部位的，凡此等等，无从是非。

点穴之法确实是有，并且它也属于一门社会科学（人体科学），按照它的功效表现论证推测，它应该是在中国医学理论完整系统的论述后才被武林界涉获汲取的。中国的哲学理论形成的年代是非常早的，《易经》是其他学科理论发展的依据基础，医学则根据其中的“阴阳”“五行”理论观点，对人体功能系统进行拟似归类，把风、寒、燥、湿用阴阳升降接替、盛衰平衡对待，把脏腑与所通之窍用内五行（心肝脾肺肾）、外五行（耳目口鼻舌）的相生相克理论来认识处理，又有气血经络相通相连的整体观。因为医学和武术都是以人体为研究和对待的条件对象，所以有一部分武术理论就借鉴于医学理论来表述，如“由内发于外者，由表及于里者，表里上下一动而无不动者”等语；又鉴于医学针刺经络穴位的扩散感应，诱发了练武者用功力的击打刺激人体敏感部位后产生的感应程度，确定了一些部位，就形象地称为“点穴”，实际是功力和手法的打击，并非是点，应该称作击穴较为恰当。

击穴这一词语是人们把主体（攻击者）、客体（被攻击者）两种复杂因素的交相显现简单化之称谓；就主攻方来说，他的技术娴熟程度，功力的深、浅，对选择对象的形体、体质判断的是否正确，部位的认定是否准确，手法的运用是否得当，这些都是决定效果的关键要素。

人的身体是一个多系统功能的复杂结构体，就现代医学界确定的有神经、呼吸、循环、消化、泌尿、生殖各大系统。中医学理论的分辨、排列更为复杂，就骨骼框架不讲，其他的就比如：内有五脏六腑、外有躯干四肢、筋肉血脉、皮毛及经络的内通外连，尤以气血更为重要，这些论述在气功部分的论述中有较多的介绍。击穴效应是人体部位受到刺激后的现象反映，其他拳家的技艺无须赘述，就本门所学所练的河南沈丘“两仪拳”之段氏门人陈子亮先生的“过气锤”，受其击打后，人体外象是不能自主而失控。顾名思义，“过气”二字就又有了讲究，首先把“气”做一概述，人体的气，分先天之气和后天之气，先天之气秉承于父母，为元气、中气，后天之气则有营气、卫气、脏气、大气（空气）、阴阳之气。气是人体一切气机活动的总概括，其源出于命门，通三焦，司于肺。就其三焦来讲，上焦为心肺，中焦为脾胃，下焦为肝肾，这些就是气息贯通脏腑的名正要旨，脏腑又是连于经络的，其实气息在人体中无论是上下、内外无处不有，气是构成人体生命一切活动的最基本物质。“过”就是穿透或超越了限度，这也就说明了是用手法和功力的贯穿刺激人体部位，使气息超过了它的承受分量和限度，尤其是中气被扰乱后所产生的后果，使全身气息不能正常运转接续，阴阳之气紊乱不能平衡，脏腑功能痉

挛失控，导致了全身反应现象，这就是击穴效果。

由于人的体形、生理素质有互不相同的差别，其承受能力也就不尽相同，人体分别有五种形状，便用了阴阳五行（水、木、火、土、金）来做概括。秉水气而生的人其形脆（利落）而润，其色为黑；秉木气而生的人，其形秀美而长，其色为青；秉火气而生的人，其形尖而削，其色为赤；秉土气而生者，其形短而厚，其色为黄；秉金气而生的人，其形端佳，其色为白。在运用击穴术时须观其色，辨其形，知其五行归属，按照生、克制化之理，施其技法方能奏效。其手法和劲法也分别有五种：浑元手用的是灵劲，属土；无极手用的是括劲，属木；太极手用的是摆劲，属金；乾元手用的是撺劲，属火；阴攫手用的是[illegible]劲，属水。以上所讲这些人的体形、气色，以及手法、劲法，都用五行的相生相克的对应变化来归类形容，明显地表现出了正面的系统循环为相生（肾水足则肝木旺，则心火盛，则脾土厚，则肺金满，则肾水足），反向的循环为相克，正的即为阳，反的就是阴。任何事物的发展经历均是在“物极必反”的相对交替规律中，无数反复循环，才可得以发展，每次的循环过程都有了一个新的起点，也就是又一次提高，人们在实践中发现了这个规律，就把它归属为阴阳观念。阳者为天，阴者为地，拳则代表着武术技法，因此“两仪拳”的由来就自然而成立了，是既有观点认识，又有行为举动的一种武术拳类。

所谓的穴位，并不是医学中所用的那些名称，如“肚腹三里留，腰背委中殷门求，头痛寻后溪，面口合谷收，胸胁若有病，速与内关谋”。这些病症脉络穴位与击打的穴位无关，击穴之位是选择了击打人身的某个部位，这些部位也都用其名称来做表示，如“上打乳根下胯眼，肺华气门任掌管，凤凰千万莫击打，若是击打命不还”。前人经验珍贵无比，学者当谨遵慎之。

当前世上流传运用的击穴术大都为体验性，人在静止状态下感觉效果，这是时代的进步、文明程度的提高，能做一验证就算圆满了。实际击穴一术之初衷亦是格斗对搏之技，对方如有破绽，我可趁机击之，若对方也用招法，我可用法诱其无从以戒备。今把师传的几个招法用歌诀表述如下：

（1）小瞄子

逢中而躲逢中闪，强弱相交须周旋，
两手虚实要交换，避开正面击侧面，
不打腿胯和胸腹，不打手臂与脸面，
瞄准气门一个位，阴阳劲出莫迟缓。

（2）大瞄子

看似向右实向左，飘渺忽闪没法躲，
身高力大难较量，不可勉强来相撞，
闪开中宫进边门，目光只在肺华寻，
手打脸上移眼位，抖身劲出只一捶。

（3）高低瞄子

高低瞄子有大用，正面侧面都能攻，
上出虎爪抓脸面，提腿挑裆在下边，

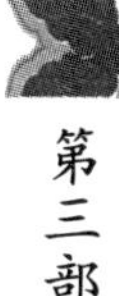

趁敌一时计谋乱，进步一捶打中间，

遇到从后来追赶，必须连利身子返。

2．抗击打

前人在验证某些部位遭受打击后的反应是自我失去控制，也就是丧失了抵抗能力，为了避免自身遭受这样的侵害，就揣摩着练习出了能抗击打的一种功法叫作“下气”，实际是一种聚气之法，可使脏腑在气机的作用下紧缩团聚并由内发表于肌肤，充实坚硬，可抵御冲击。

3．解穴

解穴亦称“起捶”，这是解除被击者脏腑的痉挛症状，解穴动作看似简单，但是也非常有讲究，如果所取部位不够准确，手法有错误，用的力量达不到足够强度，便不能起到解穴的作用。一旦方法不当，还会导致“乱气”，为解穴造成更大困难，遇到这样的情况，必须请技术老到的行家处理，否则不能奏效。还有就是被击中后时间段的掌握，如果相隔时间太长，就很难解决了。另外还有一种特殊的解穴手段救治法是拔火罐，如果不能及时解除症状而让其自愈，则须忍受巨大痛苦，时日也太长。

由于师辈们所处的时代，受文化知识和文学修养的浅缺等诸多因素所限，没有系统详尽的理论佐证和文字阐述痕迹。本人于师传时的零星片语中，感悟了其中一些道理，写此数言以启后人，愚钝不聪敏，难免有误解和思虑不周之处，请读者详揣识别。

编后语

气功、武术，都是少林寺独具特色的武学功法技术，千百年来备受世人瞩目，它的渊源深奥，实难窥测。今愚人之作实为抛砖引玉之举，经多年的锻炼体会，写出了一些观点和认识。“武法要略”之注释，两仪门拳法十路动作名称歌诀、赞、十把歌诀，纯为个人臆撰，决不污前贤，不当处，望读者予以指正。

著者

2015年4月

附：本门中人

第一代传人：

张　保　吴瑞林　曹红军　关华鲁　李亚鹏　张海涛　刘文田

程运东　谷洪明　董国忠　王喜安　姜启明　张宏伟　杨现峰

程鸿昱　崔建奎　夏　勇　万　磊　郭松林　释永旭（法师）

赵华民　苏宏克　刘朝全　盛海军（释德框）王明喜　李长栋

宋雨来　曲进举　高会娟　林丽平　胡战领　程宝田　李勇兵

何军甫

弟子：

周　明　于成孝　王水林　胡中华　张　伟　杨洪涛　李兆印

于金才　陈荣杰　林光海　柯聪泉　李学良　陈万森　胡战友

马国泰　戴立成　李兰青　陈新慧　王正乾　周明辉　吴建军

白瑞芳　贺贵荣　任德田　王向阳　杨琼华　刘　深

第二代传人：

司龙刚　王军委　王　学　程士哲　程士昭　程士卓　程士然

弟子：

蒋友峰　曹宏伟　褚宝德　司俊友　董龙江　曹海亮　贺红岭

董占良　王高子(申申)　王川东(飞龙)　王君华　陈正胜

其他弟子：

释仁恒(菩提寺主持)　晁　毅　赵威龙　袁宏业　杨元俊